KARIN ASSADIAN

Die Frau in der roten

CORSAGE

Karriere wider Willen?

DAS LEBEN der
INGE LETZ

novum pro

Dieses Buch ist auch als
e-book
erhältlich.

www.novumverlag.com

Bibliografische Information
der Deutschen Nationalbibliothek:

Die Deutsche Nationalbibliothek
verzeichnet diese Publikation in
der Deutschen Nationalbibliografie.
Detaillierte bibliografische Daten
sind im Internet über
http://www.d-nb.de abrufbar.

Gedruckt in der Europäischen Union
auf umweltfreundlichem, chlor- und
säurefrei gebleichtem Papier.

© 2023 novum Verlag

ISBN 978-3-99131-662-6
Lektorat: Susanne Schilp;
Renate Mildner
Umschlagfoto, Umschlaggestaltung:
Soraya Assadian
Layout & Satz: novum Verlag
Innenabbildungen:
Siehe Bildverzeichnis auf Seite 134

Die von der Autorin zur Verfügung
gestellten Abbildungen wurden in der
bestmöglichen Qualität gedruckt.

www.novumverlag.com

Climate neutral
Print product
ClimatePartner.com/16547-2201-1002

Inge Letz, 2019

Für meine Töchter
Chiara-Aimée und **Jasmin-Fabienne**

Ölbild „La Femme" 1987 von Jean-Pierre Ceytaire

INHALTSVERZEICHNIS

*DIE HOFFNUNG NIE AUFGEBEN,
DEN AUGENBLICK DES SCHÖNEN MIT
EINEM FEINSINNIGEN MENSCHEN
ERLEBEN ZU KÖNNEN!*

(Wien, 1999, Widmung von
Fürstin Marianne Sayn-
Wittgenstein-Sayn an Inge
im Bildband Mamarazza)

VORWORT

INGE LETZ, DIE KARRIERE MACHTE, OHNE ES ZU WOLLEN

Inge Letz, geboren am 24. März 1941 mitten im Zweiten Weltkrieg mit Mädchennamen Luft, war schon immer eine erstaunliche, beeindruckende Erscheinung. Bei einem Mann würde man auf gut Wienerisch sagen „ein g'standenes Mannsbild", bei Inge entsprechend „eine adrette Person". Ihre weißen Haare, ihre hochgewachsene, schlanke Figur, der silberne Ohrschmuck, die intellektuelle Brille und das Schwarz der Kleidung. Selbstsicher und selbstbewusst.

Das war nicht immer so. Betrachtet man aufmerksam die vergilbten Schwarz-Weiß-Fotos ihrer Volksschulzeit, ist ein Anflug von Schüchternheit und Verletzlichkeit zu sehen.

Ihr Charme ist ungebrochen, auch nach so vielen Jahren, jetzt im höheren Alter. Wer immer Inge begegnet, spricht von ihrem Lächeln. Es ist ein sanftes, wissendes, ein liebevolles und fürsorgliches Lächeln, so ganz ungewöhnlich für die sonst in Wien geborenen und lebenden Menschen, die immer „granteln". Auch wenn Kränkung, Sorge, Kummer, Ärger und Enttäuschung über ihr Gesicht huschen, nach einem kurzen Moment ist all das verflogen und das Lächeln ist wieder da.

Die Geschichte von Inge ist die Geschichte der Nachkriegszeit und einer Ära des Fernsehens, die es heute in dieser Art nicht mehr gibt.

In den 1970er-Jahren war der Aufbruch der Frauen zu spüren. Sie wurden vermehrt erwerbstätig, verdienten ihr eigenes Geld. Sie wurden ein wenig unabhängiger, stießen vereinzelt in Männerdomänen vor und erhoben sich, vor allem Künstlerinnen wie Valie Export, Renate Bertlmann, Birgit Jürgenssen und Friederike Pezold. In den Siebzigern fand der erste große Bruch mit gesellschaftlichen Konventionen statt, in vielerlei Hinsicht, für Künstlerinnen und Intellektuelle wurde es zum kunstpolitischen Programm – der Feminismus nahm erkennbare Formen an.

Inge begann ihre Karriere beim Österreichischen Rundfunk (ORF). Aus der Filmkomparsin und Fernsehregieassistentin wurde recht bald die erste Fernsehregisseurin von Live-Unterhaltungsshows im deutschsprachigen Raum. Am 25. Juli 1982 schrieb „Wochenschau"-Mitarbeiter Hademar Bankhofer: „Sie ist die einzige Frau, die im deutschsprachigen Fernsehen Spitzenkarriere als Regisseurin in der Show-Branche gemacht hat."[1]

Sie führte Regie von 1978 bis 1986 bei „Tritsch Tratsch" (ORF), „Dalli Dalli" (ZDF) mit rund 30 Millionen Zuschauern, „Wünsch dir was" (ORF), „Die große Chance" (ORF), „Dinner für acht" (ORF) mit Ernst Meister, „Stadtgespräche" (ORF) mit dem ORF-Direktor und späteren Wiener Bürgermeister Helmut Zilk, „Am laufenden Band" (ARD) mit Rudi Carrell, „Glücksspirale" (ARD), Sonntagskonzert (ZDF), bei der ARD-Sendung „Zum Blauen Bock", „Wir" (ORF), bei der Mona-Lisa-Sendung (ZDF) und viele mehr. In den Achtzigern kamen Multimedia-Shows in Montreux und in Hamburg für Opel (Burda TV) dazu.

Inge arbeitete mit Hans Rosenthal, seine „Spitze"-Sprünge entstanden am Mischpult mithilfe eines Technikers, mit Showgästen wie Peter Alexander, Harald Juhnke, mit dem damals noch ganz jungen Peter Kraus oder der jungen Dagmar Koller, mit Curd Jürgens, Liza Minnelli, mit Caterina Valente, Udo Jürgens, Roberto Blanco, Wencke Myhre, Karel Gott, Mireille Mathieu, Rainhard Fendrich, Georg Danzer, Wolfgang Ambros, Charles Aznavour und vielen, vielen anderen Showgästen, die gerade noch der Generation, die in den 1970er-Jahren geboren wurde, bekannt sind.

Für Kinder von heute sind die großen Stars von damals schon längst keine mehr. Heutzutage wird gestreamt – auf Netflix, Amazon & Co. Deutsche Shows haben nicht mehr die Bedeutung von damals, als es in den 1970ern bis 1980ern gerade einmal zwei Fernsehprogramme, ORF 1 und ORF 2 (ehemals FS1 und FS2), in Österreich zur Auswahl gab. Die Umstellung von Schwarz-Weiß auf Farbe erfolgte erst 1969, Premiere war das Neujahrskonzert. Damals und heute. Das sind zwei ganz verschiedene Welten.

Inge hat nach ihrer Karriere im Ruhestand nie viel über ihre Zeit beim Fernsehen gesprochen. Ihr Beruf war Fernsehregisseurin und Punkt. Wenn man sie danach fragt, meint sie: „Das ist so lange her." Die Erinnerung verblasst allmählich, oft sind es nur noch Fragmente, die Jahreszahlen verschwimmen im Gedächtnis. Auch bei ihren Weggefährtinnen und -gefährten, von denen die meisten schon verstorben sind. Im Gespräch, nach mehrmaligem Nachfragen, erinnern sie sich und erzählen, wie Dieter Böttger, der als ORF-Unterhaltungschef das Show-Fernsehen nachhaltig in den Sechzigern und Siebzigern prägte, oder Günter Wilding, ORF-Produktionsleiter, mit dem Inge „Die große Chance" machte, oder Fritzi Gubik, die rechte Hand von Prof. Elfriede Ott, die mit Elfriede Ott 25 Jahre lang die Stadtwohnung oberhalb von Inges bewohnte und die natürlich die Unterhaltungswelt in- und auswendig kennt.

Inge ist spontan, leidenschaftlich, großzügig und einer der uneitelsten Menschen, die man in dieser Branche kennt. Im Leben hätte ihr sicherlich ein wenig Egoismus gutgetan. Viel, viel später eröffnet sich, wenn man die Zeitungsartikel in den Medien der 1980er-Jahre liest, welche Bedeutung ihre Karriere in der Fernsehgeschichte hatte. Die erste Frau als Fernsehregisseurin, wie ungeheuerlich! Sie hat Ähnliches erfahren wie Käthe Kratz, die erste Frau an der Wiener Filmakademie. Das Boykottieren, das Schikanieren der männlichen Kollegen, der Chauvinismus und der teils versteckte oder teils offensichtliche

Kampf der beiden Geschlechter. Anders als Käthe Kratz und wie viele andere Frauen in den Achtzigerjahren auch, machte Inge ihr Wirken, ihren Erfolg nicht zum feministischen Programm. Vielmehr tat sie einfach das, was sie exzellent konnte.

Die Geschichte von Inge Letz ist eine Geschichte von vielen Frauen: von jenen, die Berge versetzten, jedoch im Hintergrund sowie im wahrsten Sinne des Wortes hinter den Kulissen und unbemerkt von einer von Männern geprägten Öffentlichkeit blieben. Man wird von Inge keinen Wikipedia-Eintrag oder Erwähnungen in fernsehgeschichtlichen Dokumentationsarbeiten finden. In den 1970ern bis zu den späten 1980ern war das Leben von Frauen, die einen Beruf ergriffen, von Spannung geprägt. Auf der einen Seite der Kinder- und Familienwunsch, was auch dem gängigen Gesellschaftsbild entsprach, auf der anderen Seite der Wunsch nach finanzieller Unabhängigkeit und Selbstverwirklichung sowohl im Beruf als auch als Individuum selbst. Frauen wurden behindert, rieben sich in den Machtspielen der Männer auf, stießen an die gläserne Decke. In den Jahrzehnten danach wurde es nicht leichter. Vieles ist noch unerreicht, ungerecht. 2023 sollte die Vereinbarkeit von Beruf und Familie für Frauen kein Thema mehr sein, auch wenn sie sich für eine Karriere ohne Kinder entscheiden. Vielleicht stellt sich auch aus medizinisch-biologischen Gründen gar nicht die Frage. Ihr „Wert" für die Gesellschaft sollte nicht nach ihrer Reproduktionsfähigkeit definiert werden. Einfach nur sein, einfach nur tun. Sich Ziele stecken und Träume verwirklichen. Ohne Grenzen und ohne bewertende Moral. Einfach Frau sein.

Das vorliegende biografische Erzählwerk soll einen gesellschaftlichen Beitrag leisten, indem es nicht nur ein Kapitel der Fernsehgeschichte behandelt, sondern auch einen gesellschaftlich-feministischen Diskurs aufnimmt und so eine weitere unbemerkte, aber für die Emanzipation der Frau in den Siebziger- und Achtzigerjahren beachtenswerte Lebensgeschichte erzählt. Sie ist eingebettet in die verschiedenen Abschnitte von Inge Letz' Zeitgeschichte, welche die Aufmerksamkeit auf eine Gesellschaft und auf eine Zeit lenkt, in der Frauen nicht selbstverständlich die Studienbank drückten und Führungsrollen übernahmen, sogar im Gegenteil in den 1970er-Jahren noch um die Erlaubnis ihrer Ehemänner für ihre Erwerbstätigkeit bitten mussten. Und dennoch wirkten diese Frauen einflussreich abseits des öffentlichen Spotlights und, wie in Inges Lebensgeschichte, hinter Kamera und Bühne. Sie waren Pionierinnen, setzten sich bewusst in einer Männerdomäne durch, ergriffen Chancen und bereiteten den Weg für die Diskussion um mehr Chancengleichheit und Gerechtigkeit zwischen den beiden Geschlechtern.

In unserer Gegenwart, in der der Schein der Gleichberechtigung trügt, in der noch immer die Lohnschere zwischen Mann und Frau auseinanderklafft und ein neues Biedermeier einzukehren droht, indem sich die Frauen selbstverständlich größtenteils noch immer allein um Kinder und Haushalt kümmern und Karriere in Männerdomänen nur schwer möglich ist, ist es wichtiger denn je, die Frauen aufzuwecken und den Ruf nach Gleichberechtigung, Selbstbestimmtheit, Gerechtigkeit in jeder Hinsicht, ökonomisch und intellektuell, nicht verstummen zu lassen. Vielleicht haben sich die Töne verändert, vielleicht sind sie auch gerade bei unseren Töchtern, die nach 2000 geboren wurden, leiser geworden, weil vieles für sie selbstverständlich geworden ist, mag sein, aber der Wunsch nach einem selbstbestimmten Leben ist den meisten Frauen immanent.

Die Geschichte, die hier erzählt wird, zeigt Ecken und Kanten, Höhen und Tiefen und auch altersbedingte Gedächtnislücken. Sie ist voll von Emotionen und Antworten, die nicht immer gefallen. Sie soll inspirieren, motivieren und Frauen ermutigen, an sich und ihre Fähigkeiten zu glauben, vielleicht auch Schicksalsschläge und menschliche Enttäuschungen anzunehmen und weiterzumachen.

Durch die dritte Person wird Distanz zwischen der Protagonistin Inge und den Leserinnen und Lesern aufgebaut. Das Erzählwerk gibt nur biografische Ausschnitte wieder, manches ist überspitzt formuliert, um die Leserin und den Leser bewusst aufzuschrecken, wenn sie oder er glaubt, eine bestimmte Erwartungshaltung einnehmen zu können. Die Erzählform bricht mit der streng biografischen Chronologie. So legt sich um die wahre Person hinter der Protagonistin ein schützender Mantel.

Auf den folgenden Seiten ist nun Inges Geschichte zu lesen. Vieles bleibt dabei offen, unbeantwortet und für immer ihr Geheimnis.

GLEICHBERECHTIGT ODER NICHT?

Mit 40 Jahren war Inge Letz am Höhepunkt ihrer Karriere. Sie führte Regie für eine der erfolgreichsten ZDF-Unterhaltungsshows im deutschsprachigen Fernsehen. „Dalli Dalli" war eine der populärsten Fernsehshows des ZDF und startete am 13. Mai 1971 mit Hans Rosenthal als Moderator. In dem Fragespiel traten acht prominente Kandidaten in Zweierteams gegeneinander an. In der ersten Runde spielten zunächst jeweils zwei Kandidatenpaare gegeneinander. Die jeweiligen Verlierer spielten anschließend um den dritten Platz, die Gewinner aus der Vorrunde dann um den Sieg. 153 Sendungen folgten bis 1986 mit rund 30 Millionen Zuschauern. Unvergesslich bleibt auch Rosenthals Luftsprung, mit dem Ausruf „Sie sind der Meinung, das war …". „Spitze!", antwortete das Publikum. Per Knopfdruck konnten die Zuseher auf diese Weise eine besondere Leistung von Kandidaten würdigen, womit es einen Sonderpunkt gab. Das Bild mit Rosenthal im Sprung wurde sogar eingefroren, eine unglaubliche technische Herausforderung in der damaligen Zeit. Wie kam es zu dem Framestore? Dass Hans während der Proben, energisch wie er war, vor der Kamera hochsprang, daran hatte sich das Team schon gewöhnt. „Wollen wir ihn einmal in der Luft hängen lassen?", scherzte ein Techniker. Und als Hans wieder sprang, blieb die Zeit im Bild stehen. Als Hans sich auf dem Kontrollmonitor sah, war er begeistert. Der Sprung wurde zum Markenzeichen.

Rosenthal war einer der ersten Showmaster, der gezielt Frauen förderte und in sein Team holte. Er war es auch, der durchsetzte, dass Inge dieselbe Gage bekam wie ihr Vorgänger. Gleichberechtigt oder nicht? Gleiche Gage für gleiche Leistung! Rosenthal war Feminist, zu seiner Zeit eine Provokation. Er gehörte einer Generation an, in der die meisten Männer Frauen noch als vermeintlich „rätselhaftes" Wesen begriffen, definitiv dem Mann nicht ebenbürtig. Die Bunte schrieb am 1.10.1981: „Eine Frau regiert bei ‚Dalli-Dalli' – Eigentlich ist es ja eine Schande. Aber eine Frau als Regisseurin großer Fernsehsendungen – das ist bei uns immer noch eine Seltenheit. Inge Letz, ein gescheites Wiener Mädel, hat es geschafft. (...) was eine Frau so alles kann."[2]

Inge wurde in den Kriegsjahren geboren, erlitt das Schicksal einer vaterlosen Kindheit, erlebte als junge Frau die Wirtschaftswunderjahre und machte Karriere in den 1970er-Jahren, als der Aufschwung erneut endete, Krisen und Umbrüche Politik und Gesellschaft erschütterten. Die Stimme der Frauen schien nie stark und laut genug zu sein, um zu nachhaltig großen Veränderungen in der Gesellschaft zu führen. Ganz deutlich zeigt sich dies auch im März 2020, als das Coronavirus die ganze Welt fest im Griff hatte und stilllegte. Zur Isolation in den eigenen vier Wänden und zu sogenanntem Social Distancing gezwungen, das jeglichen Kontakt außerhalb der unmittelbaren Familie per Regierungsanordnung untersagte, waren es die Frauen, die vermehrt den gesamten Haushaltsalltag bestritten und Kinderbetreuung mit Homeschooling sowie Homeoffice unter einen Hut bringen mussten. Die Parallelen zu den Jahren des Ersten Weltkriegs und den Fünfzigerjahren mit ihrer traditionellen Familienaufstellung sind erschreckend und erstaunlich zugleich. War die Frauenemanzipation mit der Forderung nach Wahlrecht in der Suffragetten-Bewegung der Jahrhundertwende erstmals zu einem Massenphänomen geworden, so verstummte diese erneut mit dem Ausbruch der Spanischen Grippe im Jahr 1918. Sie brach in zwei Wellen über die Kontinente herein. Öffentliche Veranstaltungen wurden verboten. Verordnetes Social

Distancing hielt auch hier die Frauen von Versammlungen und Demonstrationen ab, bei denen sie um ihr Wahlrecht kämpften. Dennoch triumphierten sie, als sie an der vordersten Front gegen die Pandemie kämpften. Auch 2020 und den darauffolgenden zwei Jahren waren es vermehrt Frauen, die systemrelevante Aufgaben unserer Gesellschaft erfüllten. Die Emanzipation tritt in Wellen auf, ein ständiges Vor und Zurück. Im Zweiten Weltkrieg war für das klassische Rollenverhältnis freilich kein Platz. Die Frauen mussten anpacken, die Versorgung ihrer Familie und der gesamten Bevölkerung aufrechterhalten. Sie übernahmen viele Aufgaben der durch Krieg abwesenden Männer, das Geschlechterverhältnis war getrübt. Das neu gewonnene Selbstbewusstsein der „Trümmerfrauen", welche die in Schutt und Asche liegenden Städte aufräumten, stellte die männliche Identität infrage.[3] Die Trümmerfrauen hatten die Aufgabe, mit bloßen Händen und einem Hammer Mörtelreste von Ziegeln abzuklopfen, sodass diese für den Wiederaufbau der Häuser in Wien verwendet werden konnten. Man erkannte die Trümmerfrauen an ihren aufgerissenen, blutigen Händen. Arbeitshandschuhe gab es nicht. Damals wurde nicht von Zwang gesprochen, jedoch beruhte die Arbeit nicht auf Freiwilligkeit, sondern die Frauen wurden in ihren jeweiligen Wohnbezirken, so wie Inges Mutter Martha im 18., dazu „beordert". Alle hatten nur ein Ziel: bessere Zeiten. Das vereinte sie und machte das tägliche Leid erträglicher. Es sollten nicht viele Jahre nach Kriegsende vergehen, bis Frauen wieder unterrepräsentiert waren, in den machtbewussten und ökonomisch entscheidenden Gesellschaftsbereichen und letztendlich später auch in den wiederauflebenden Unterhaltungsbranchen, dort hatten zweifelsohne die Männer das Sagen. Die Leistungen der Frauen in den Kriegsjahren und danach wurden zu wenig gewürdigt. Die sozialistische Frauenzeitung „Die Frau" ermutigte die Frauen sogar, mit den heimkehrenden Männern geduldig zu sein, still zu sein und zu allem Ja und Amen zu sagen.[4] Waren Gleichberechtigung und die Forderungen der Frauenbewegungen in Inges Leben ein Thema? Das nie. Auch die Mutter tat, was notwendig war, ohne viel zu hinterfragen. Umso mehr überrascht es, dass Inge sich in einer Männerdomäne emanzipierte und dieses, so wie viele Frauen ihrer Generation, gar nicht angestrebt hatte.

Eine der ersten Sendungen, bei der Inge Regie führte, war die österreichische ORF-Unterhaltungssendung „Tritsch Tratsch", die zwischen 1979 und 1984 in 50 Ausgaben gesendet wurde. Nach einem Unfall des ersten Moderators Guido Baumann im Oktober 1979 wurde sie vom Redakteur der Sendung, Josef (Joki) Kirschner, moderiert. Erfunden wurde die Sendung von Dieter Böttger (ORF-Unterhaltungschef), Joki Kirschner und Felix Dvorak. Bekannte Bestandteile waren das „Ladlspiel", Felix Dvoraks humoristische Solos und das Tritsch-Tratsch-Mädchen. Als solches begann Vera Russwurm ihre Karriere. Auch Rainhard Fendrich hatte hier 1981 mit dem Lied „Zweierbeziehung" (eines Mannes mit seinem Auto) sein Fernsehdebüt als Sänger. Es gab ein Kästchen mit sechs Laden und unterschiedlichem Inhalt, darunter auch ein Brillantring im Wert von damals 70.000 Schilling. Die Anrufer, die nicht wussten, welcher Preis in welchem Ladl verborgen war, mussten sich für eines entscheiden, dessen Inhalt sie dann gewannen. Moderator Kirschner versuchte, mit Bargeld den Anrufer vom Öffnen der Lade abzubringen. Manchmal gewann jemand den Ring, andere wiederum erhielten verrückte Preise.

Dieter Böttger, Mastermind hinter „Tritsch Tratsch", wurde von Helmut Zilk, der 1967 ORF-Fernsehdirektor wurde, mit der Entwicklung der Unterhaltungssparte betraut. Böttger war Journalist bei der Neuen Zeitung, als Zilk ihn in den ORF rief und ihn engagierte, eine Spielshow zu entwickeln. Auf Böttgers Bedenken, er sei Journalist und habe keine Ahnung vom Fernsehen, antwortete Zilk: „Burschi, du wirst des scho mochen." Die Pilotsendung von „Tritsch Tratsch", bei der Werner Vogel Regie führte, war erfolgreich. Als sie bereits an der zweiten Sendung zu arbeiten begannen, lief Inge Dieter zufällig am Küniglberg – den Produktionsstudios des ORF – über den Weg: „Wo kommst du denn daher?" Inge antwortete ihm, sie führe Regie bei der Sendung „Wir", davor war sie Assistentin bei Ekkehard Böhmer in Deutschland gewesen. Böttger war schon immer ein Mann der Tat und fragte sie unverblümt: „Traust du dich über eine 90-Minuten-Liveshow drüber? Wir suchen Regie für die Sendung ‚Tritsch Tratsch'." Der Erfolg gab ihm recht – Inge war die perfekte Wahl. Als Regisseurin arbeitete sie penibel, war auf alle Eventualitäten vorbereitet. Über Böttger sagt sie: „Wir haben vor ihm immer Spundus gehabt."

In der „Tritsch Tratsch"-Redaktion arbeitete auch Renate Mildner, die spätere Frau von ORF-Journalist und Ö3-Mitbegründer Reinhard Mildner. Zu ihren Aufgaben gehörte, die Spiele und Geschichten für die Sendung vorzubereiten sowie die Fan-Post von Joki Kirschner zu verwalten. Ihre Kollegin Christine Schiller und sie gaben den fertigen Sendungsablauf Inge als später verantwortliche Regisseurin. Renate hat Inge als „tüchtig und bescheiden" in Erinnerung, die ihre Position „nie unangenehm herauskehrte". Es wäre das Team auch so großartig gewesen, Dieter Böttger hätte hier enorme Führungsqualitäten bewiesen. Was zählte, war nur die Leistung, die Sache – eine gute Show zu machen. Egal ob Mann oder Frau und obgleich das Team zu gut 90 Prozent aus Männern bestand, war dies nie zu spüren. Alle haben an einem Strang gezogen. Die Qualität der Unterhaltung habe stark nachgelassen. Sendungen wie damals werden nie mehr wiederkommen. Die Technik war sehr einfach, das sehr wohl, aber sie hatten noch gute Entertainer in den Shows. Man kann sich gar nicht mehr vorstellen, wie die Arbeitswelt von damals war. Es gab kein Internet, kein Handy, keinen PC. Renate würde „Tritsch Tratsch" als Redakteurin betreuen, parallel dazu verantwortete sie den Formel 1 Grand Prix gemeinsam mit Ernesto Huppert am Österreichring. Sie hatte Bernie Ecclestone als 19-Jährige „einfach so in der Box" kennengelernt. Ihre Beziehung wandelte sich zu Freundschaft, er war ihr als Lebensmensch geblieben. Er vertraute ihr und wusste, dass er sich auf sie verlassen konnte. Die

Arbeitsbedingungen waren enorm schwierig, die Vororganisation, damals bestehend aus Bernie, Renate, Ernesto und einer Sekretärin, aufwendig. Es gab nur ein Telexgerät, das einzige in der Steiermark, aber „was tut man damit, wenn sonst niemand eines hat". Man nannte diese Geräte auch Fernschreiber, es handelte sich um kolossale Texterfassungsmaschinen, die an eine Telefonleitung angeschlossen waren. Man konnte mit diesem System Textnachrichten verschicken, auch längere Texte. Es war der analoge Vorgänger von Fax und E-Mail. Der Empfänger brauchte für das Telex-Netz irgendeine Telex-Adresse, man bezeichnete sie als Kennung, sie konnte zum Beispiel lauten: 27897de. Später kam ein Farbkopierer, der einzige in Österreich, dazu und auch damit kannte sich kaum jemand aus. Ob Bernie Ecclestone ein Feminist war? Seine offizielle Antwort war, auf Frauen in der Formel 1 angesprochen: „Der Arbeitsplatz einer Frau ist in der Küche." Und trotzdem war Renate seine rechte Hand. Frauen als Formel-1-Rennfahrerinnen wären für ihn sehr wohl vorstellbar und wünschenswert gewesen. Dies hat sich jedoch nie durchgesetzt, es ist bis heute eine Männerwelt geblieben. Von 1979 bis 1987 organisierte Renate den Formel 1 Grand Prix, dann kamen die drei Kinder und sie hatte sich bewusst entschieden, viel Zeit mit ihnen zu verbringen. Eine Karriere wurde von ihr nie angestrebt. Die Kinder kamen für sie immer an erster Stelle. Inge schenkte ihr, als Renates erster Sohn zur Welt kam, ihren eigenen Teddybären. Inge würde selbst nie Kinder haben. Später wechselte Renate in die Öffentlichkeitsarbeit des ORF. Erst dann bemerkte sie, dass es auch mit harten Bandagen zugehen konnte. Das „Tritsch Tratsch"- und „Wünsch dir was"-Team waren sicherlich immer Ausnahmen.

Der Höhepunkt der Fernseh-Unterhaltungsshows war sicherlich zwischen 1970 und 1990. Allein das jährliche Budget im ORF betrug laut Böttger rund 200 Millionen Schilling. Riesige Hallen, wie die Stadthalle oder die Messehalle in Wien, wurden in Österreich und Deutschland angemietet. Das Produktionsteam umfasste gute 60 Leute. Günter Wilding, ORF-Produktionsleiter, der unter anderem „Die große Chance" verantwortete, erzählt, dass die Unternehmen noch Schlange um die heiß begehrten Werbeplätze für ihre Produkte oder ihre Dienstleistungen standen. Der ORF entschied allein, wer das Rennen machte. Kostüm und Ausstattung waren enorm aufwendig, meist sorgte auch noch ein Orchester mit 40 Mann für musikalische Unterhaltung in den Liveshows. Samstags saß die ganze Familie vor dem Fernsehgerät, fieberte aufgeregt mit den Kandidaten mit und schunkelte bei den Liedern der national und international bekannten Showstars mit. Viele Sänger wurden erst in der Sendung entdeckt, wie Kurt Elsasser in „Tritsch Tratsch". Eine „Tritsch Tratsch"-Sendung wurde sogar zum „Staatsakt", als sie im Februar 1980 von der Wiener Staatsoper aus live gesendet wurde. Robert Jungbluth, Generalsekretär der Bundestheater, rief Dieter Böttger wenige Wochen davor ratlos an. Der Kartenverkauf für den Opernball ging nur schleppend voran. Es waren weniger als 5.000 Karten verkauft, normalerweise wären es bereits 7.000. Jungbluth machte Böttger den Vorschlag, die Sendung in der Unterbühne der Oper, wo 200 Leute Platz fanden, abzuhalten. Die Herren würden im Frack kommen, die Damen in der Abendrobe und anschließend könnten die Showteilnehmer gratis den Opernball besuchen. Dies ließ sich Böttger nicht zweimal sagen. Das Medienecho war riesig, unvergesslich der Abend in der Oper.

Dieter Böttger, Inge Letz, Günter Wilding

Inges großer Durchbruch kam jedoch nicht mit „Tritsch Tratsch", sondern mit Hans Rosenthals „Dalli Dalli". Ihre Chance war gekommen, als Rosenthals Regieassistentin erkrankte und Inge, obwohl bereits Regisseurin für „Tritsch Tratsch", für sie einspringen sollte. Inges Arbeitsstil – präzise, effizient und unaufgeregt – hinterließ bei Hans Rosenthal sichtlich und nachhaltig Eindruck. Er rief sie eineinhalb Jahre später nach ihrem Aushilfe-Regieassistenzjob höchstpersönlich an und fragte sie kurzum, ob sie seine Show übernehmen wolle, nachdem sein Regisseur gestorben war. Das war 1981.

Die Sendung sollte in München stattfinden. Für Inge wurde ein Flugticket gekauft. Nägel mit Köpfen wurden gemacht und sie flog mit einem Vertrag in der Tasche wieder zurück nach Wien. Das Glück war auf ihrer Seite. Sie würde ab nun das ganze Jahr mit der Show ausgebucht sein, mit pro Jahr zwei Sendungen in Wien und acht in München. Karriere stand nie auf ihrem Plan, sie ereignete sich, ohne dass sie es bewusst wollte.

Die Zeitungsartikel berichteten von der ersten Frau am Pult, man kann sie nicht richtig einschätzen, wenn man sie heute liest, ob Verwunderung, Bewunderung, Lob oder mehr Erschrockenheit, vielleicht auch Furcht vor der neuen Frauenpower die Zeilen beherrschten. Die Bella schrieb 1981: „Rosenthal hört nur auf ihr Kommando (...) Von der unbekannten Hausfrau zur gefragten Showregisseurin (...) Und was sagt ihr Mann dazu?"[6] Die Neue Kronen Zeitung titelte am 21. Mai 1981: „Hans Rosenthals Chefin aus Wien."[7] Und das Magazin die frau 1981: „Diese Frau macht ‚Dalli-Dalli'. Inge Letz (40) aus Wien zeigt auch Hans Rosenthal, wo's in seiner großen Show langgeht ..."[8] „Ausgerechnet im von Männern dominierten ORF machen drei Frauen Karriere: Ingrid Wendl, Vera Russwurm und Inge Letz (...) Sie stimmen überein: ‚Bis wir so weit waren, haben wir hart arbeiten müssen.' (...) ‚Um Gottes willen, nur keine Frau', sagte Ekkehard Böhmer zuerst entsetzt, als sich Inge Letz als Regieassistentin outete. Wenn heute diese drei Damen einmal zusammenkommen, sind sie sich in einem völlig einig: ‚Wir hatten zwar ein wenig Glück, aber für den Erfolg haben wir hart arbeiten müssen.'[9]" (Bunte, 1980)

Frauen in Führungsrollen waren in den Achtzigern Exotinnen. Für die meisten von ihnen war Karriere Zufall oder Glücksfall. Die Rolle der Frau als Hausfrau und Mutter war in den Köpfen sowohl bei Männern als auch bei Frauen tief verankert. Plötzlich sagten die Frauen den Männern, wo es langging.

Wir schreiben das Jahr 2023. Ist 40 Jahre später die Gleichberechtigung erreicht? Im Gesetzbuch ist sie verankert, in der Realität keineswegs. Die Fassade bröckelt, ist Inge überzeugt, genau in diesem Moment, wenn wir uns im Hier und Jetzt eingestehen, dass Chancengleichheit noch immer nicht gelebter Alltag ist – sowohl beruflich in Führungspositionen mit gleicher und gerechter Bezahlung als auch auf privater Ebene, indem man sich Hausarbeit und Kinder- und Altenbetreuung teilt. In der Corona-Pandemie fühlten sich die Frauen wieder in die 1950er-

Jahre zurückkatapultiert. Die ungewollte Zeitreise wurde für viele ein Albtraum. Wo liegt die Macht? Nur wer das Geld hat, hat das Sagen. Finanzen und Immobilien, Politik und Industrie. Die Spirale dreht sich, immer schneller, im Kreis der Männer und Mächtigen der Welt. Dorothee Blessing, erste Co-Chefin von J.P. Morgan, oder Christine Lagarde, erste Präsidentin der Europäischen Zentralbank, sie sind eher die Ausnahmen und nicht die Regel. Und dennoch betreten mehr und mehr Frauen das wirtschaftliche und politische Parkett. Die Hälfte in Sebastian Kurz' Regierung in Österreich im Jahr 2020 war weiblich. Im Jahr 2023 liegt der Frauenanteil von Regisseurinnen bei europäischen Filmen und Serien für Fernsehen, Streaming oder Video-on-Demand gerade mal bei niedrigen 22 Prozent. (Bericht der Europäischen Audiovisuellen Informationsstelle, Teil des Europarats)

Nichts scheint unmöglich. Vor gut zwölf Jahren im Jahr 2009 kam der erste afroamerikanische Präsident an die Spitze der Vereinigten Staaten von Amerika. Wann die erste amerikanische Präsidentin kommt, steht wiederum in den Sternen. Oder sollte man besser Tarotkarten legen? Die Wahl Trumps hatte viele geschockt – die Welt war mit ihm und ist mit Bolsonaro, Orbán, Kim Jong-un und Putin wieder ein Stück unberechenbarer geworden.

DAS ZWEITE WOHNZIMMER

1993 zerbrach Inges zweite Ehe mit Peter Pochlatko. Er war einer der profiliertesten österreichischen Filmproduzenten, bekannt durch „Alpensaga", „Die Abenteuer des braven Soldaten Schwejk" oder „Malina", Inhaber der Neuen Studiofilm GesmbH und ausgezeichnet mit dem Österreichischen Kulturfilmstaatspreis. Peter wurde 1933 als erster Sohn der Familie Pochlatko geboren. Vater Erich war Mittelschulprofessor und Mutter Irmgard Hausfrau. Drei Brüder folgten noch nach Peter. KIaus, Direktor des Hamburger Hafens in Wien, Dieter, der ebenfalls Filmproduzent ist, und Werner. Letzterer wurde als Schauspieler unter dem Namen Werner Pochath bekannt. Er starb sehr jung mit 54 Jahren. Vater Erich hatte bereits eine Filmfirma gegründet, die in Graz ansässige EPO-Film Produktionsgesellschaft. Geliebtes Bild vor der Kamera des Vaters und seines Sohnes Peter waren die Berge und die dort ansässige Tierwelt. Tage und Wochen lagen sie auf den Felsen, um zu filmen. Bei jedem Wetter. EPO-Film wird heute von Dieter und seinem Sohn Jakob mit zweitem Standort in Wien geführt. Belohnt wurden sie mit einigen Preisen, die ihnen verliehen wurden, wie für die Kinofilme „Klimt", „Der Bockerer 2-4", „Atmen". Die Verfilmung des Romans „Der Trafikant" von Robert Seethaler durch EPO-Film erregte zuletzt große Aufmerksamkeit.

Was ist einer Ehe zuzumuten, bevor sie zerbricht? Was hält sie aus? Hätte man doch und wäre doch. Die vielen *Vielleichts*. Es sollte nicht sein, man tröstet sich damit. Der Beruf Inges brachte ständige Reisen mit sich. Aus dem Koffer leben, immer auf dem Sprung sein und sich der totalen Erschöpfung nach einer Fernsehproduktion ergeben, all das zermürbte ihre Ehe. Vielmehr waren es aber die Geliebten, an denen ihre Ehen zerbrachen. Sie versuchte, die perfekte Ehefrau zu sein, zu kochen, zu putzen und den Haushalt zu führen, zwischen Skripten in der Hand und Kopfhörern am Ohr, um die Tonbänder der nächsten Studiogäste, meist Sänger, abzuhören. Peter erwartete von ihr, dass sie ohne Haushaltshilfe auskam. Ihm graute vor dem Gedanken, fremde Leute könnten in seinen Sachen wühlen. Zudem brauchte er seine Ruhe, stand nie vor 9 oder 9.30 Uhr auf, auch ein zweites Büro war für ihn zu Hause eingerichtet. Heimlich würde Inge einmal im Monat, wenn er auf Reisen war, eine „Bedienerin" kommen lassen, gemeinsam machten sie *Ramazotti*, wie Inge sagt, sie schrubbten jeden Winkel des Hauses. Peter bemerkte es nie. Mit der Zeit schlich sich Entfremdung in ihre Ehe ein.

Das „Schwarze Kameel" wurde nach der Trennung von Peter zu Inges zweitem Zuhause in der Bognergasse 5 im 1. Bezirk. Es ist ein traditionelles Wiener Restaurant mit Gerichten, die wienerischer und stilvoller nicht sein könnten. Seine Räumlichkeiten sind sehr elegant und ein nicht wegzudenkender Teil der Geschichte Wiens. Sie geht zurück ins Jahr 1618, als Johan Baptist Cameel das damals schon traditionsreiche Haus erwarb und eine Gewürzkrämerei einrichtete. Er nannte sie „Zum Schwarzen Kameel". Es entwickelte sich zum Tempel des erlesenen kulinarischen Geschmacks, mit Feinkosthandlung und Restaurant, „geadelt" 1825, als es zum Hoflieferanten ernannt wurde. Schon von jeher bewirtete es die Crème de la Crème der Politik, der Wirtschaft und der Kunst. Gerne werden Ludwig van Beethoven und Georg Ferdinand Waldmüller als Gäste genannt. Auch das Interieur nimmt die Gäste mit auf eine Reise in die Zeit des 19. und frühen 20. Jahrhunderts.

Im Schwarzen Kameel fand Inge neue Begegnungen und neue willkommene Ablenkungen, nachdem sie Peter gebeten hatte, aus der gemeinsamen Wohnung in der Naglergasse auszuziehen. Ein immer wiederkehrender Kreis an vertrauten Gästen, die meisten in Inges Alter, kam aus demselben Grund ins Schwarze Kameel: um der Enge in ihrem Leben zu entfliehen, um zu plaudern, zu essen und zu trinken oder einfach auch nur zu genießen und vielleicht auch, um neue Freundschaften zu schließen. Sie arbeiteten in den umliegenden Kanzleien, waren Anwälte, Ärzte, Geschäftsleute, Boutiquebesitzer oder einfach Studierende. Jeder hatte seine eigene Geschichte zu erzählen. Man lachte, man weinte, man diskutierte und philosophierte.

Ein paar Gehminuten entfernt liegt das berühmte Café Hawelka. Es war in den 1950er- und 1960er-Jahren der Inbegriff eines exzentrischen und pulsierenden Künstlercafés, in dem sich bekannte Künstler wie Ernst Fuchs, Rudolf Hausner, Arik Brauer, Wolfgang Hutter sowie Literaten, Giganten wie Friedrich Torberg, Elias Canetti, Hilde Spiel, Helmut Qualtinger und H. C. Artmann zum intellektuellen und philosophischen Diskurs die Klinke in die Hand gaben. Einige der berühmten Namen, auch Hans Moser, Oskar Werner oder Andy Warhol, sind auf der Webseite des Hawelkas zu lesen.

Über die Jahre haben sich beide, Hawelka und Schwarzes Kameel, verändert, sie sind mit der Zeit gegangen, auch ihr Publikum durchmischte sich. Dennoch versprühen sie nach wie vor den typischen Charme Wiens, den Millionen von Touristen in der Stadt suchen und dort zu finden glauben. Ein wenig hat die Stadt von ihrer Beschaulichkeit eingebüßt, mit den Schwärmen an Fremden kamen auch Trubel und stetiger Lärm.

Nach dem 16. März 2020 sollte ohnehin alles anders sein. Der Shutdown hatte die Straßen der Innenstadt gespenstisch leer gefegt. Wenn Inge das Fenster ihrer Wohnung öffnete, war es totenstill. Nur gelegentlich das Motorengeräusch eines Müllwagens. Die Stadt hielt den Atem an. Inge vermisste das hektische Treiben. Die Geschäfte, die Restaurants waren geschlossen. Auch das Schwarze Kameel. Vor der Pandemie war es schwierig, spontan einen Platz zu bekommen, früher, vor zehn Jahren war das noch anders. Inge denkt, es war auch einfacher, auf Menschen zuzugehen und ins Gespräch zu kommen.

Damals trösteten sie die Stunden an der Theke des Schwarzen Kameels. Ein nettes Gespräch bei Kaffee oder einem Glas Wein. Dazu ein Beef Tatar. War sie vergrämt, enttäuscht? Die Ehe mit Peter bereuend? Keine Sekunde. Peter war die Liebe ihres Lebens. Am Gardasee, wo sie ein zweites Zuhause hatten, liegt ihre große Liebe begraben.

Inge möchte in keiner anderen Stadt leben. Sie ist in Wien geboren und aufgewachsen. Jede Straße, jede Ecke ist ihr vertraut, vor allem in den Bezirken, in denen sie arbeitete und lebte. Geboren 1941, mitten im Krieg, in eine Zeit, in der die Stadt in Schutt und Asche lag.

KINDHEIT IN DER STADT

Inge liebt Wien in all seinen Facetten. 1947, als ihr Mädchenname noch Luft war, besuchte sie die Volksschule im 18. Bezirk. Nun ist die Erinnerung an die Volksschulzeit nicht ausschließlich schön. Sie war nicht die beste Schülerin, Rechnen war ihr ein Gräuel, die Mutter streng, das war damals so üblich, aus Angst, aus dem Kind könne einmal nichts werden. Schüchtern und hinter den anderen in der letzten Reihe, sich beinahe verstecken wollend, blickt sie auf dem Schwarz-Weiß-Foto dem Mann hinter der Kamera entgegen. „Bitte lächeln."

Nachdem sie die Modeschule Michelbeuern beendet hatte, fing sie als Schneiderin in einer kleinen Schneiderwerkstatt im Karl-Marx-Hof an. Bei Frau K. Sie hatte außer Inge noch zwei weitere Schneiderinnen angestellt, die bei ihr schon als junge Mädchen in die Lehre gegangen waren. Unter ihnen war Inge ein Paradiesvogel aus der Modeschule, nicht unbedingt gemocht, eher geduldet. Zu fremd war sie, zu jung, ihnen den Platz streitig machend. Wie das eben so ist, wenn Paradiesvögel die Bühne betreten. Man lässt es sie spüren.

Um elf Uhr musste Inge die Blechtöpfe, im Wiener Dialekt „Reindeln", wie sie auch die Soldaten im Krieg hatten, in den Ofen schieben. Das darin bereits mitgebrachte Mittagessen wurde aufgewärmt. Ein Gulasch, ein Schweinsbraten, ein Sauerkrautfleisch oder Reisfleisch. Der Geruch breitete sich im ganzen Atelier aus, legte sich wie ein Schleier auf Haare und Kleidung, noch Stunden nach Verlassen des Ateliers haftete er daran. Man kann sich vorstellen, wie die ganze Werkstatt zu Mittag gerochen hat. So sollte es einfach nicht sein. Es sollte sauber sein. Vielleicht nach frischer Seife, Stoffballen und Lavendel duften. Inge nahm Gerüche wahr, die andere nicht rochen. Gewöhnen konnte sie sich daran nie.

Die Gerüche in einer Stadt sind mitunter schwer zu ertragen. Die Ausdünstungen in der U-Bahn, besonders intensiv im Sommer. Die Wiener Verkehrslinien ließen 2019 über zwei zur Auswahl stehende Raumdüfte in den U-Bahngarnituren abstimmen. Sie sollten sich über die Klimaanlage verteilen und den Fahrgästen Erleichterung verschaffen. Auch das Essen, Döner Kebab beispielsweise, ist nun in der Wiener U-Bahn strengstens untersagt. Das führte zu heftigen Diskussionen und Widerstand.

Inge war nie eine Prinzessin auf der Erbse. Sie ist in bescheidenen Verhältnissen aufgewachsen. Im Krieg war die Not groß. Der Vater fehlt ihr, bis heute. Ein früher Verlust verletzt die Kinderseele und die Narben verheilen nie zur Gänze. Vielleicht war sie deshalb ihr Leben lang auf der Suche nach Liebe, sagt Christl, Inges engste Freundin, die sie als ihren Engel auf Erden bezeichnet und die nicht nur in guten, sondern auch in schlechten Zeiten für Inge da war und ist.

Kinder können grausam sein. Obwohl so viele dasselbe Schicksal wie Inge erlitten, wurde sie, die ohne Vater aufwuchs, von Lehrerinnen und Lehrern gleichermaßen wie von Mitschülerinnen und Mitschülern gebrandmarkt.

Der Krieg war zu Ende. Ihre Mutter schickte sie jeden Tag zum Greißler von nebenan. Vielleicht konnte sie als Kind mit den Lebensmittelmarken, die aus Karton gefertigt und in verschiedenfarbige Abschnitte unterteilt waren, eher etwas bekommen. Immer und immer wieder bekam sie zu hören: „Kind, das Brot ist aus, komm morgen wieder." Die „Markerl-Wirtschaft" wurde bereits während der Kriegszeit vom Deutschen Reich eingeführt. Die strenge Rationalisierung von Lebensmitteln war der Bevölkerung nicht fremd. Die notwendigsten Bedürfnisse wurden befriedigt. Die Lebensmittelrationierung gliederte die Gesellschaft nach unterschiedlichen Klassen: Als „Selbstversorger" galten die Angehörigen der bäuerlichen Haushalte, die ihren Nahrungsmittelbedarf selbst decken konnten; sie erhielten daher keine Karten. Die mit Karten ausgestatteten „Nicht-Selbstversorger" zerfielen in „Normalverbraucher" und in Gruppen, denen ein erhöhter Kalorienbedarf zustand: Kinder, Berufsgruppen mit erhöhtem Kraftaufwand, werdende und stillende Mütter und Kranke.

Frauen waren jedoch bei der Lebensmittelrationierung benachteiligt.

Hausfrauen bekamen die „Normalverbraucher"-Karte, auch „Hungerkarte" genannt. Sie waren schwer von Unterernährung gezeichnet, wenn sie das Wenige mit anderen Familienmitgliedern teilten. Inge würden die extrem schlanken Frauen ewig in Erinnerung bleiben.

In der Landwirtschaft wurde die Versorgung bis zum Kriegsende aufrechterhalten, obwohl Schlachtungen streng kontrolliert wurden und die Haltung von Kleintieren und Gänsen überhaupt verboten war. Fleisch wurde rar, wie auch Milch. Erst zu Beginn der Nachkriegszeit brachen wirklich Notzustände aus. Die letzten Lebensmittelvorräte waren aufgebraucht, die Keller und Regale leer. Plötzlich fanden sich die Menschen in zwei Lager geteilt: die einen, die Lebensmittel wie die Landbevölkerung zur Verfügung hatten, die anderen, die ums Essen bitten mussten. Die Kinder wurden losgeschickt, um Essen zu erbetteln. Die Lebensmittelversorgung durch die Alliierten ging nur schleppend voran. Die erste Hilfsaktion erfolgte durch die Sowjets, bis es zur Aufteilung Wiens in vier Besatzungszonen kam, die bis 1955 andauern sollte. Die Amerikaner kontrollierten den Nordwesten Wiens von der Josefstadt bis nach Döbling, die Franzosen das Stadtgebiet von Mariahilf bis Penzing, die Engländer Hietzing, Meidling, Margareten, die Landstraße und Simmering. Die

Gentzgasse, wo Inge mit ihrer Mutter wohnte, gehörte zur amerikanischen Besatzungszone. Inge erinnert sich, dass die amerikanischen Soldaten in ihren schicken, gut geschnittenen Uniformen den Kindern Kaugummipäckchen zuwarfen, wenn sie auf den offenen, mit Sitzbänken auf beiden Seiten ausgestatteten Lastautos auf Patrouillenfahrt entlang der Peter-Jordan-Straße vorbeifuhren. Inge und ihre Freunde kannten die Patrouillenrouten und warteten schon sehnsüchtig auf das quietschende Geräusch der um die Ecke fahrenden Lastwägen. Die Russen hingegen kontrollierten Favoriten, Leopoldstadt und die großen Bezirke jenseits der Donau. So groß die Freude bei den Kindern war, wenn sie den Soldaten begegneten, so groß war die Angst der Frauen, die ständig Opfer einer Vergewaltigung werden konnten. Besonders gefürchtet waren die Russen. Die erste Hilfsaktion kam von diesen und wurde in den Geschichtsbüchern als „Maispende" oder „Stalinspende" dokumentiert. Sie bestand aus Grundnahrungsmitteln wie Mehl, Getreide, Bohnen, Erbsen, Zucker, Mais, Öl, Salz, Sonnenblumenkernen und Fleisch. Vorübergehend konnte die ärgste Not gelindert werden. Später wurden „Care-Pakete" an die Bevölkerung verteilt.

15 Jahre nach Kriegsende war die Armut im Atelier von Frau K. nach wie vor zu spüren. Die ganze Stadt befand sich im Wiederaufbau. Der Krieg hatte Existenzen zerstört, nicht die Hoffnung. Betrachtet man Stadtfotos aus der damaligen Zeit und Fotos von heute, dann stellt sich Zuversicht ein, der Mensch könne sich immer und immer wieder aus dem tiefsten Chaos, aus der abgründigsten Zerstörung erheben. Der Krieg ließ traumatisierte Menschen zurück. Und dennoch hält Inge entgegen, dass die Menschen trotz Entbehrungen glücklich waren. Sie waren frei. Im Chaos der Nachkriegszeit hatten sie Hunger nach Kalorien, aber auch Hunger nach Leben. Auch Inge hatte diese Sehnsucht nach Schönem, eine Sehnsucht, die viele Menschen damals nach dem Krieg überfiel. Sie spiegelte sich in den Magazinen, in den Illustrierten und in der Mode eines Christian Dior wider, im Kino und auf den Plakatwänden entlang der Stadt. Lieber ein Schmalz-

brot auf einer schönen Serviette als die schmucklosen „Reindln"
mit Gulasch von gestern im Atelier von Frau K.

Inge wollte nicht länger bleiben. Es musste noch etwas anderes geben, nicht wahr? Sie war damals 19 Jahre alt. Was würde
ihre Mutter dazu sagen? Aber warum auch nicht etwas anderes
als Schneiderin sein? Vielleicht in ein Büro? Ihre Zweifel waren sehr groß, ihre Mutter hatte ihr weniges Geld in ihre Ausbildung gesteckt und sie konnte nicht einfach alles hinschmei-
ßen, um Büroangestellte zu werden. Da wären einmal ein paar
Monate mehr an Ausbildung zu zahlen.

Drei Monate dauerte der Kurs in der Handelsschule Weiss, den
Inge letztendlich besuchte. An Freizeitvergnügungen war nicht
zu denken, nach Arbeit und Schule ging es für Inge als junge
Frau gleich nach Hause. Am Wochenende wartete die Hausarbeit, die erledigt werden musste. In der Handelsschule lernte sie
Maschinenschreiben, Stenografie und ein bisserl Buchhaltung.
Inge schloss mit einem guten Zeugnis den Kurs ab. Es steckte
in ihrer Tasche, als sie nach Hause kam und ihre Mutter sie mit
dem frisch gebügelten Kleid überraschte. „So, das ziehst du jetzt
an und fährst gleich in den 3. Bezirk. Da ist die Annonce." Inge
zog sich um und war schon in die nächste Bim gehüpft, wie die
Wienerinnen und Wiener liebevoll die Straßenbahn nennen.
Es sollte ihr erster Job als Empfangsdame werden. Das Architekturbüro Professor Georg Lippert war am Heumarkt 7 gelegen. Ungefähr acht Architekten und 10 Baumeister saßen im
Erdgeschoss und im ersten Stock. So ganz genau weiß Inge das
nicht mehr. Professor Lippert selbst war Eigentümer und Chef
des Büros, jedoch Frau B., seine Sekretärin, hatte in Wahrheit
das Sagen: „Wann können Sie anfangen, Fräulein Luft?" „Na sofort." „Morgen reicht auch."

Am nächsten Morgen saß Inge in einer wunderschönen, mit
Marmor getäfelten Eingangshalle. Türen zu ebener Erde und
im ersten Stock führten zu den Zeichenräumen. „Man muss

sich vorstellen, ich saß da allein und war umgeben von einer Telefonanlage mit unzähligen Tasten, Knöpfen und dazu blinkenden Lichtern. Das war 1962." In den ersten Tagen war Inge höchst angespannt. Allmählich überschaute sie, welcher Knopf für wen zu drücken war. Wie viele Frauen arbeiteten damals bei Lippert? Fünf „Tippmamsellen", mit Inge waren es sechs.

Lippert war ein reservierter und zielstrebiger Mann. Kaum angedacht, musste es schon erledigt sein. War er am Telefon, wurde Inge nervös. „Was ist denn mit meiner Verbindung los, Fräulein Luft?"

Es war ein heißer Sommertag, als Lippert um die Mittagszeit Inge ansprach: „Sagen Sie, Fräulein Luft, was können Sie denn noch, außer perfekte Verbindungen herstellen?"

„Es kommt drauf an, was man mich lässt." Er: „Was wäre, wenn ich Ihnen im TGM (Die Schule der Technik – Technologisches Gewerbemuseum) einen Abendkurs drei Semester lang für technisches Zeichnen bezahlen würde?"

In dieser Berufssparte gab es damals kaum Frauen. Im Kurs saßen bei vielleicht 30 Teilnehmenden gerade mal zwei Frauen. Mit der Ausbildung konnte Inge beim Modellbau für Wettbewerbe mitwirken. Heutzutage erledigt man alles am Computer, dazu gibt es Programme. Damals musste man mit dem Zirkel auf Millimetermaß genau konstruieren.

Nicht nur Inges berufliches Schicksal sollte eine vielversprechende Wendung bekommen. Es hatte sich im Büro Lippert noch etwas verändert. Inge hatte einen Verehrer: Chefarchitekt Peter Letz. Mit Blumen lud er sie zum Mittagessen ein und mit der Zeit wurde daraus mehr. Peter Letz war viel älter als sie, gute zehn Jahre. Und Inge war 1964 erst 23 Jahre alt.

Peter war, bedingt durch seinen Beruf, ein Schöngeist, der jedoch aus einer bodenständigen Familie kam. Sein Vater war Baumeister. Die Affinität zur Kunst und zur Schönheit würde er erst während seines Studiums an der Akademie bei Professor Oswald Haerdtl entwickeln. Eine Liebesbeziehung zwischen zwei Angestellten, auch wenn sie heirateten, war für Professor Lippert in seinem Büro undenkbar. Einer von beiden, Inge oder Peter, musste gehen. Ihre Zukunft nahm aber einen völlig anderen Weg. Inge konnte nicht ahnen, dass dieser sie wenige Monate später zum Fernsehen führen würde.

PETER

Inge wird Peter Letz 1965 zunächst am Standesamt heiraten. Kirchlich werden sie im salzburgischen Goldegg, einer kleinen idyllischen Gemeinde, wo jeder jeden kennt und jeder mit jedem befreundet ist, den Bund der Ehe in traditioneller und kirchlicher Art und Weise schließen. Viele wohlhabende Wiener hatten sich in Goldegg ihr Zweitwohndomizil errichtet. Besonders in den Sommermonaten brachten sie urbanes Flair in die Gemeinde. Inge kannte das „Hotel zur Post" in Goldegg aus zwei oder drei bescheidenen Urlauben mit ihrer Mutter. Sie war noch ein Schulmädchen und besuchte die Modeschule Michelbeuern. Das Hotel war in den 1960er-Jahren ein gediegenes, rustikales Bauernhaus mit typischen Balkonen und „Blumenkisterln". Die Hotelbesitzer Hertha und Raimund Gesinger hätten einem Werbeprospekt für Salzburger Trachten entsprungen sein können, so attraktiv, authentisch und charismatisch beschreibt sie Inge, Hertha dabei als „besonders quirlige und lustige Person".

Nach der standesamtlichen Hochzeit fuhr Inge nun mit Peter dorthin, um das „Hotel zur Post" für eine kleine Hochzeitsfeier zu begutachten. Dabei kamen sie mit Hertha und Raimund ins Gespräch und erzählten, dass ihre Hochzeitsgesellschaft nur aus Inges Mutter, ihrem Lebensgefährten Onkel Fritz und Peters Eltern bestehen würde. Zudem hatten Inge und Peter keine Trauzeugen. Für Hertha war dies eine Undenkbarkeit. Erstens kann man ohne Trauzeugen nicht heiraten und zweitens braucht es aus Tradition in einer ländlichen Gegend einen Hochzeitszug, der das Brautpaar mit seiner Familie und den Hochzeitsgästen geordnet in ganz bestimmter Reihenfolge zur Kirche und zur Hochzeitsfeier führt. Die Reihenfolge auf dem Weg zur Kirche würde beispielsweise so aussehen: eine Musikkapelle, die Trauzeugen und Brautjungfern, die Eltern des Bräutigams und die Brautmutter, Familienmitglieder und Freunde.

Hochzeitsbild Inge und Peter Letz

Resolut, wie Hertha war, erklärte sie sich und Raimund zu Inges und Peters Trauzeugen und übernahm sogleich die Organisation. Eingeladen von Hertha und Raimund, bildete sich ein Hochzeitszug aus Sommergästen, aus „Zweitwohnbesitzern", wie der Silberschmied, und aus Ärzten, Kaufleuten und sogar aus dem Dorfschullehrer. Auch Baron Alexander Melingo Saginth, seine Frau und seine Tochter Alexandra, die bei den Gesingers ebenfalls urlaubten, waren dabei. Aus manch dieser Begegnungen würden später lebenslange Freundschaften entstehen.

Die Zimmer waren in den Sechzigerjahren sehr einfach. Inge bewohnte mit Peter das Dachzimmer. Es hatte nur ein Waschbecken und eine Dusche am Gang. Der Goldegger See, der ein Moorsee ist, war von jeher eine beliebte Urlaubsdestination. Die Badeanstalt wurde von Raimunds Vater betrieben. Badegäste konnten heilsame Moorbäder nehmen, dabei wurde Moorwasser in ovale Badezuber, die mit heißen Steinen ausgelegt waren, gefüllt. Man nahm darin Platz und der Zuber wurde mit Holzbrettern für die Dauer des Bades geschlossen. Darauf platzierte der Senior- Chef gerne den Badenden ein Glas Schnaps. Im ganzen Raum schwebte der schwere Duft und manch ein Gast schlief in seinem Bottich ein. Und am Ende der Badesitzung griffen die Badenden gierig, durstig von der Hitze, nach dem Schnaps, der in einem Zuge ausgetrunken wurde.

Inge würde immer wieder zurückkehren und bei den Gesingers im Hotel zur Post, das später von ihren Kindern übernommen wurde, ihren Urlaub verbringen. Zu Hertha und Raimund fühlt sie eine tiefe Verbundenheit und natürlich zur Natur um Goldegg mit seinen Wiesen und Bergen, die sich im See spiegeln.

Nach Inges und Peters Hochzeit überließ ihnen Inges Mutter ihr Haus, das in Speising nahe dem Lainzer Tiergarten gelegen war. Sie erweiterten es mithilfe burgenländischer Freunde um einen Atelier-Anbau, der Peters Arbeitsplatz werden sollte, nachdem er das Büro Lippert verlassen und sich als Architekt selbstständig gemacht hatte. Peter arbeitete Tag und Nacht. Nur manchmal packten sie ihr Jausenkörbchen und wanderten in die Weinberge zum Naturheurigen. Für mehr Freizeitvergnügen fehlten den Jungverheirateten auch später sowohl die Zeit, das Geld als auch die Kraft. All das spielte keine Rolle. Sie waren jung und was sie antrieb, war der Glaube an eine bessere Zukunft, an ein gemeinsames schönes Zuhause, das gerade im Entstehen war. Beide, sowohl Inge als auch Peter, legten selbst Hand am Bau an und schufteten Freitag, Samstag und Sonntag. Sommer und Winter. Ein ganzes Jahr.

Im Mini fuhr Inge die Helfer zwischen Wien und dem Burgenland hin und her. Es waren Verwandte von Resi, die als Kindermädchen zu ihnen kam, schon bevor ihr Vater mit dem Flugzeug verunglückte und ihre Mutter in der Drogerie ihres Großvaters aushalf. „Viele Schweinsbraten habe ich zubereitet. Meterlang. Oft Sauerkraut und Knödel. So hat man damals ‚Bauarbeiter' verpflegt." Inge ist selbst mit dem Schubkarren gefahren und hat Mörtel gemischt. Leicht war es nie.

Das Geld war knapp, obwohl Peter als Architekt sehr gut verdiente. Er war jedoch geschieden und sein Verdienst reichte wegen der Alimentezahlungen an seine Frau und die beiden Kinder einfach nicht aus. Inge suchte nach einem Zusatzeinkommen. Zunächst nähte sie Kleider für die Baronin Melingo Saginth und für deren Tochter. Hie und da war die Bezahlung mehr, als sie verlangte, der Baron sah, dass sie das Geld gut gebrauchen konnte. Seit ihrer Bekanntschaft in Goldegg waren die Melingo Saginths mehr und mehr zu Freunden geworden. Inge und Peter würden sie regelmäßig besuchen, manchmal auch Ausflüge in die Wachau zur Burg Dürnstein oder nach Greifenstein mit ihnen unternehmen.

Es war auch Baron Alexander Melingo Saginth, ein exzellenter Koch und ausgesprochener Gourmet, der sie in die Feinheiten der österreichischen Küche einführte. Des Öfteren würden sie und Alexander samstags in der Diesterweggasse im 14. Wiener Bezirk, wo die Melingo Saginths zu Hause waren, kochen. Weihnachten 1966 würde der Baron Inge das Kochbuch „Die gute Wiener Küche" von Albert Kofranek schenken. Es war Inges zweites Kochbuch, nachdem sie ihr erstes – die „Wiener Küche" von Adolf Hess – von ihrer Mutter geschenkt bekommen hatte. In den „Kofranek" hatte Alexander für Inge eine Widmung geschrieben:

„Vergeblich denkt man manchmal d'ran,
wie ein Soufflé man machen kann.

Wenn man die Zubereitung weiß,
wär gut ein milder Hühnerreis.

Auch wär es gut genau zu wissen,
wie lang die Pasteten backen müssen.

Wie würde nur der Peter staunen,
gäb' es getrüffelte Kapaunen.

So denkt man oft so hin und her,
wie manches wohl zu machen wär,
doch hat das Raten keinen Zweck,
schau's einfach nach bei Kofranek."

Eines Tages las Inge in der Zeitung, man suche am Rosenhügel Komparsen für Fernsehen und Film. Die geschichtsträchtigen und denkmalgeschützten Rosenhügel-Filmstudios waren bis 2014 Wirkungsort, sozusagen Heimat des ORF, sie wurden zwischen 1919 und 1923 von der Vita-Film am Rosenhügel im Süden von Wien erbaut. Bei ihrer Eröffnung galten sie als größte und modernste Studios Österreichs. Das Areal ist jedoch seit 2014 ein Stadtentwicklungsgebiet der Stadt Wien, Eigentumswohnungen mit Kindergarten und Supermarkt wurden errichtet. Nur Teile der denkmalgeschützten Filmstudios blieben erhalten.

Die Idee, mit Komparserie ein wenig das Haushaltsgeld aufzubessern, gefiel Inge sehr. Mit zwei Freundinnen fuhr sie sodann für ein Vorstellungsgespräch zum Rosenhügel – und sie waren nicht die einzigen. Gut 100 weitere hatten sich angestellt. Als sich der ganze Gehsteig schwarz färbte, verließ Inges Begleiterinnen der Mut, aber Inge blieb und reihte sich ein. „Na dann geben Sie mir mal Ihren Lebenslauf und Ihr Foto", sagte Herr

Hill, der sogenannte Komparsentreiber, der die Statisten für den jeweiligen Job auswählte. Als Inge in ihrer Tasche zu kramen begann und das Foto darin nicht fand, verließ sie die Hoffnung und sie dachte: „Das war's." „Wissen's was, schicken's mir das Foto per Post." Hill mochte sie. 14 Tage später meldete Hill sich per Telefon „Können Sie Walzer tanzen?" Nein, das konnte sie nicht und was nun? „Kommen's einfach. Morgen wird eine Operette bei uns am Rosenhügel gedreht. Mit dem Herrn Holecek und dem Herrn Zednik. Ihre Füß' sieht man eh net." Es war ein neuer Anfang.

BEIM FERNSEHEN

Um vier Uhr früh saß man schon in der Maske und wurde in das Mieder geschnürt. Das Kostüm saß eng. Gegessen hat man ohnehin nichts am Set. Vielleicht ein Wurstbrot. Der Hunger hat nicht geschmerzt, vielmehr der Neid der anderen Frauen, den Inge zu spüren bekam. Die alteingesessenen Komparsinnen fühlten sich bedroht. Da hieß es gleich: Was brauchen wir die Neue hier? Inge erinnert sich an die „Hackhennen", so wurden sie hinter vorgehaltener Hand genannt. Nicht alles sind schöne Erinnerungen, vieles hat, wie es im Leben so ist, auch Ecken und Kanten. Aber ihre Liebe zum Fernsehen, die begann schon dort, im Studio am Rosenhügel.

Es war aufregend am Set. Die Sängerinnen und Sänger, die Schauspielerinnen und Schauspieler, die viele Technik. Der ganze Boden war mit Streifen voll geklebt. Jeder hatte eine vorgeschriebene Position. Dorthin wurden sie mittels Megafon gewiesen.

„Man musste sich schon merken, welches Kreuzerl das eigene war. Man braucht ein fotografisches Gedächtnis." Und das hatte Inge mitgebracht. Später würde es ihr auch als Regisseurin helfen.

150 Schilling am Tag war viel Geld. Für den Job als Rezeptionistin bei Professor Lippert verdiente sie 1.400 Schilling im Monat. Sie besaß damals, als sie im Architektenbüro arbeitete, gerade mal zwei Sommerkleider. Eines trug sie, das zweite trocknete zu Hause im Badezimmer. Sie wusch die Kleider per Hand im Waschbecken. Eine Waschmaschine besaßen sie nicht.

Beim Gedanken an ihre Jugend wird Inge nachdenklich. „Das waren Zeiten." Wovon sie träumte? „Dass es uns einmal besser geht. Ich habe vom Urlaub geträumt. Einmal nur wegfahren." Ins Restaurant essen gehen war nur wenigen wohlhabenden Leuten vorbehalten. Es wurde noch viel zu Hause gekocht. Es gab viel Deftiges, klassische Wiener Gerichte wie Gulasch, Knödel und Schnitzel oder manchmal Schweinsbraten.

Das Kochen haben die Töchter von den Müttern oder Großmüttern gelernt, Familienrezepte wurden von Generation zu Generation weitergegeben. „Dass ein Mann einen Kinderwagen schiebt, zu Hause bleibt und Kinder betreut, das war damals undenkbar. Die Frauen waren meist noch in den 1980er-Jahren für Haushalt, Kinder, die Wäsche, das Kochen und das Haushaltsgeld zuständig."

Inge als Komparsin, erste von links

DER VATER

Karl Hermann Luft, geboren am 28. Oktober 1904 in Wien, war Ingenieur der Elektrotechnik, erst später machte er die Ausbildung zum Flugkapitän. Aus Erzählungen ihrer Mutter erfuhr Inge, dass er extrem sportlich, mutig und waghalsig war. Sein „Ing", wie er sein Kind nannte, war sein Ein und Alles. Zuerst flog Karl bei der Ölag, später die JU 52 bei der Deutschen Lufthansa. Am 10. Oktober 1944 wurde Inges Vater abgeschossen. Ihre ganze Volksschulzeit würde sie besonders darunter leiden, denn der Vater fehlte ihr sehr. Sie hoffte, es wäre nur ein Irrtum, ein schlechter Traum und die Türe zu ihrem Zimmer würde jeden Moment aufgehen und er käme herein.

Karl Luft war nicht der erste Ehemann in Martha Luise Klagers Leben. Geboren am 6. Oktober 1906 in Wien, heiratete sie nach Besuch des Lyzeums, eine Mittelschule ohne Maturaabschluss, in erster Ehe einen zehn Jahre älteren Wiener Bankdirektor namens Schneider. An seinen Vornamen kann Inge sich nicht mehr erinnern. Er war ein Jugendfreund Marthas, konservativ, ruhig und passte im Grunde so gar nicht zu Inges Mutter, die ein ausgesprochenes Temperamentsbündel war. Als sie sich in Inges Vater Karl Hermann Luft verliebte, kam dies für Schneider wenig überraschend. Er gab sie frei und Martha ließ sich von ihm scheiden.

Hochzeitsbild von Inges Eltern Martha Klager und Ing. Karl Hermann Luft

Als Karl Luft verkündete, er wolle Martha heiraten, waren seine Eltern vehement gegen diese Eheverbindung ihres Sohnes. Bevor er Inges Mutter kennenlernte, war Karl mit Fanny von Eyck, der Schwester des bekannten deutsch-amerikanischen Schauspielers Peter van Eyck, der 1969 starb, verlobt. Van Eyck war in Deutschland geboren, nach dem Abitur ging er nach Amerika und verdiente sich sein Geld als Barpianist. Er komponierte und schrieb Revuen. In Hollywood lernte er Billy Wilder kennen, der ihm einige kleinere Rollen als Nationalsozialist verschaffte. Der Durchbruch gelang ihm mit dem Film „Lohn der Angst" an der Seite von Yves Montand und Charles Vanel. Die Verlobung zwischen Karl und Fanny wurde gelöst. Alles war recht kompliziert, aber so war es eben, damals.

Die Drogerie von Inges Großvater, in der ihre Mutter nach dem Tod Karls mitarbeitete, wofür sie eine Drogistinnenprüfung absolvieren musste, befand sich auf der Praterstraße 40 nahe dem Wiener Wurstelprater im 2. Wiener Bezirk, dem russischen Besatzungsgebiet nach 1945. Die besten Kundinnen waren die Damen vom Prater, vom „leichten Gewerbe". Inge liebte die Damen. Das, womit sie ihr Brot verdienten, konnte Inge noch nicht verstehen. Völlig unbedarft und unvoreingenommen war ihre Zuneigung als Kind gewesen. „Sie rochen immer so gut nach Seife und 4711 Kölnisch Wasser. Die Lippen waren leuchtend rot. Auch die Fingernägel waren perfekt lackiert und die Kleider saßen eng. Sehr eng."

Angestellte konnte sich Inges Großvater nicht leisten. Als Inges Vater im Krieg 1944 von Partisanen über Zagreb abgeschossen wurde und starb, war Inge dreieinhalb Jahre alt. Ihre Mutter und sie mussten mit der Witwenrente und dem kleinen Gehalt, das Martha in der Drogerie verdiente, ihr Auslangen finden. Frauen, die erwerbstätig waren, verdienten sehr viel weniger als Männer, sogar bis zu 66 Prozent. Viele Männer waren gefallen oder in Kriegsgefangenschaft geraten. Noch 1947 gab es in Wien 275.000 mehr Frauen als Männer. Nach dem Tod von Inges Vater wollte die Mutter nie mehr viel über ihn sprechen. Die Frauen waren in diesem Krieg anders und sehr einsam geworden. Es waren bittere Zeiten. Sie waren auf sich selbst gestellt. Ohne Schutz und ohne Stütze. Nur Erinnerungsfotos an Inges Vater in seiner Kapitänsuniform verhinderten, dass er so wie manch anderer in der Familiengeschichte verblasste.

RESI

Zur Betreuung der kleinen Inge wurde Resi aus dem Burgenland geholt. Die wunderbare Resi. Sie war eines von fünf Kindern. Resi war blond, blauäugig, vollbusig und trug ihre Haare
in dicken, langen Zöpfen geflochten. Resi war für Inge wie eine
große Schwester, sie hat sie sehr geliebt. Damals wohnten Inge,
ihre Mutter und ihr Vater in einer Mietwohnung im 18. Wiener
Bezirk in Gersthof beim Türkenschanzpark. Jeden Tag, wenn
das Wetter es zuließ, ging Resi mit der kleinen Inge in den Türkenschanzpark spazieren. Armbanduhr hatte Resi keine. Statt-
dessen nahm sie den Küchenwecker mit zwei großen Klingel-
schellen von zu Hause mit, damit sie nicht vergaß, rechtzeitig
zum Kochen wieder zurück zu sein.

Essbares war in der Nachkriegszeit knapp. Besonders in der
Stadt. Auf dem Land war es besser. Es wurde „gehamstert" –
der umgangssprachliche Begriff beschrieb den Schleichhandel,
der schon in der NS-Zeit entstanden war. Es ging um Eintausch:
Wenn jemand dringend Lebensmittel benötigte, wurden dafür
Wertgegenstände wie Pelz, Schmuck, Bilder, Teppiche, auch
Zigaretten geboten. Die städtischen Hamsterer tauschten bei
Bauern auf dem Lande ihre Wertgegenstände gegen Lebens-
mittel ein. Milch war überhaupt auf dem Schwarzmarkt zu ei-
nem wertvollen Gut geworden. Fürs Hamstern, für ein Stück
Fleisch, Speck und ein paar Eier, fuhr Inges Mutter mit einem
Rucksack zu Bauern ins Waldviertel, um Omas Silberbesteck
oder Ring zu opfern. Das war eigentlich verboten. Die Polizei
kontrollierte streng Bahnhöfe und Busstationen. Auf dem Land

gab es noch genug zu essen. Inge erinnert sich an Leopold Figl, der die Bauernschaft aufforderte, sich solidarisch mit den Städtern zu zeigen und Nahrung zu teilen. Als im März 2020 die Covid-19 Pandemie ausbrach, tauchte der Begriff „hamstern" bei Lebensmitteleinkäufen wie ein Gespenst aus der Vergangenheit auf. Die Regale mit Grundnahrungsmitteln wurden leer gekauft. Klopapier war einige Tage vor und nach dem Shutdown in ganz Wien nicht aufzutreiben.

Resi

In den Nachkriegsjahren schickten die Mütter, die konnten, ihre Kinder aufs Land, um ihnen eine bessere Ernährung zu ermöglichen. Resi hatte Inge schon während der Kriegsjahre immer wieder ins Burgenland mitgenommen, bis zum sechsten Lebensjahr verbrachte sie mehrere Wochen und Monate hindurch bei Resis Familie. Das war auch der Grund, warum Inge mit einem schweren burgenländischen Akzent sprach, als sie in die Volksschule in Wien eintrat. „Die Direktorin wollte mich gar nicht aufnehmen. So schrecklich habe ich gesprochen." Mit Beginn der Volksschule kehrte auch Resi zu ihrer Familie ins Burgenland zurück. Sie heiratete einen ortsansässigen jungen Mann, der Maurer von Beruf war, bekam zwei Kinder und wohnte bis zu ihrem Tod in Lockenhaus, wo ihre Geschwister lebten. Inge würde in der Volksschulzeit viele Sommer in den Ferien bei ihr verbringen. Mit Resi verband Inge zeitlebens eine tiefe Freundschaft, immer wieder würde sie zu ihr ins Burgenland zu Besuch fahren und in ihrem Haus übernachten, bis Resi vor langer Zeit starb.

DIE DROGERIE

Inge erinnert sich noch gut an die Drogerie ihres Großvaters in der Praterstraße 40. Sie hieß „Zum Tiger". Ihren Großvater hat sie als mittelgroß und sehr gepflegt mit Schnurrbart in Erinnerung. Ein gutes Aussehen war ihm sehr wichtig. Die Drogerie ist nie wirklich gut gegangen. Nach dem Tod ihres Großvaters stellte Inges Mutter einen Geschäftsführer ein, der sie betrog und in die eigene Tasche wirtschaftete. 1955 mussten sie die Drogerie verkaufen. Sie konnten ohnehin nie gut davon leben. In der Nachkriegszeit ging es allen schlecht. Waren und Geld waren knapp. Man muss wissen, die Gegend um den Prater war schon immer eine, in der das Gewerbe der Prostitution blühte. „Oft haben die Damen vom leichten Gewerbe anschreiben lassen. Sobald sie wieder Geld hatten, haben sie sofort die Schulden bezahlt." Mit der sogenannten Hirschseife hat man sich damals gewaschen. Es gab kaum Badezimmer in den Wohnungen, weder Duschen noch Badewannen. Inge erzählt, dass sie selbst privilegiert waren. Mit ihrer Mutter wohnte sie damals in der Gentzgasse nahe dem Gersthoferplatz im 18. Bezirk, in einer Zweieinhalbzimmerwohnung, mit Küche, Dienstbotenzimmer, einem Wohnzimmer, einem Schlafzimmer und natürlich dem Bad mit Badeofen, der mit Holz befeuert wurde, um warmes Wasser zu bekommen. Auch Holz war in Kriegszeiten Mangelware. Inges Großvater ist zum Holzsammeln in den Wienerwald, nach Pötzleinsdorf gefahren. Die wenigen, die eine Badewanne hatten, füllten diese nur spärlich, vielleicht 15 Zentimeter, gerade einmal so viel, dass man sich darin mit einem Waschlappen von oben bis unten abschrubben konnte. Damit sich Inge nicht verkühlte – das Badezimmer war nicht beheizt –, wurde sie gleich nach der „Katzenwäsche" mit klappernden Zähnen ins Bett geschickt. Unter der Decke glühte schon eine Wärmflasche aus Blech, ein ovaler Thermophor, der mit heißem Wasser gefüllt war. Die weniger Glücklichen, die ohne Badewanne auskommen mussten, hatten warmes Wasser einfach in ein Lavur, die gute alte Waschschüssel, gegossen. Für viele war tägliches Waschen gar nicht möglich. An den Menschen haftete ein gewisses Odeur, an das man sich bereits gewöhnt hatte. Als Gesichtscreme wurde meist Selbstgemachtes genutzt und einige Damen hatten sich auch aus Bienenwachs Lippenbalsam oder Emulsionen selbst angerührt.

Inge ist geruchsempfindlich. Das war sie schon von klein auf. Das ist kein Vorteil, wenn man in einer Stadt lebt und sich tagtäglich viele Gerüche zu Undefinierbarem mischen. Ausdünstungen, Autogestank, schlechter Kanalgeruch und dergleichen. Wahrscheinlich haben viele Menschen damals sehr schlecht gerochen.

In Wien gibt es bis heute die sogenannten Tröpferlbäder, öffentliche Bäder zur körperlichen Hygiene. Die Bezeichnung „Tröpferlbad" stammt vom spärlichen Wasserfluss: Die Wasserreservoire befanden sich meist im Dachgeschoss und waren bei regem Andrang rasch überbeansprucht. Sie waren zur Zeit der Monarchie 1887 entstanden – für die Arbeiterbevölkerung, die sonst keine Möglichkeit zur gründlichen körperlichen Reinigung hatte. Bis zum Ausbruch des Ersten Weltkriegs sollte die Wiener Stadtverwaltung weitere 18 Brausebäder errichten. Nur wenige Frauen waren unter den Badegästen, von 3,5 Millionen Besuchern in den 1940er-Jahren schätzt man darunter gerade mal 30 Prozent. In den 1950er-Jahren gingen immerhin noch 5,1 Millionen Wiener ins Tröpferlbad. Heute zählt das einzig verbliebene Bad mehr oder weniger gerade mal 30.000 Besucher pro Jahr.

Als Inge ein Kind war, kam alle acht Wochen eine Wäscherin, Frau Skopek. Ihre Hände waren groß und rau. Die Wäsche wurde auf dem Dachboden zum Trocknen aufgehängt und im Winter war sie am nächsten Tag gefroren. Einen Tag, bevor Frau Skopek erwartet wurde, schütteten Inge und ihre Mutter viel Soda in riesige, wassergefüllte Holzbottiche, gaben die Wäsche dazu, und rührten mit einem Holzstößel um.

Am nächsten Tag stand Frau Skopek in ihren hohen Holzsohlenschlapfen, um nicht nass zu werden, in der dampfenden Waschküche, als Inge Punkt sieben Uhr mit dem Frühstück kam. Für Frau Skopek einen Häferlkaffee mit einem Stück Brot. „Das Schwarzbrot hat sie in den Malzkaffee getunkt. Frau Skopek hat nie etwas gesprochen." Inge muss damals ungefähr sechs Jahre alt gewesen sein. Das Leben war hart – besonders in der Stadt zwischen 1945 und 1947. Der Hunger der gesamten Stadtbevölkerung wurde erst 1946 gestillt, als eine städtische Zentralverwaltung, der sogenannte Wiener Topf, die Lebensmittelversorgung übernahm.

Inge kann sich noch an ein bescheidenes Faschingsfest erinnern, zu dem ihre Mutter, es muss 1948 oder 1949 gewesen sein, Freunde einlud. Die wenigen belegten Brote waren für die neun Gäste genau abgezählt: für jeden zwei. Mehr gab es nicht. Ein wenig Alkohol, dessen Konsum nach den Entbehrungen der Kriegsjahre der Mutter gar nicht gut bekam. Auf dem Grammofon, das sie noch besaßen, drehte sich eine Schallplatte. Waren sie glücklich? Diese Frage hat sich ihnen nicht gestellt, aber alle glaubten an den Wiederaufbau und hofften auf einen bescheidenen Wohlstand. Geld war in den Jahren nach Kriegsende nur spärlich vorhanden. Es wurde nur gekauft, was notwendig war. Man „sparte für später". Aus Alt wurde Neu, indem vieles wiederverwertet wurde, heute spricht man von Upcycling, einem neuen Trend in der Modebranche. Inge erinnert sich an ihren Mantel, den sie in der Volksschule trug und den ihre Mutter ihr aus dem abgetragenen Mantel ihres Großvaters genäht hatte, indem sie das Stück zerschnitt und die Innenseite einfach nach außen stülpte. Ein anderes Mal entstand aus der rauen Kälteschutzdecke, die vor dem undichten Fenster im Wohnzimmer hing, Inges erste Skihose. Anfang der Fünfziger versuchte man, Kleidermodelle aus Modezeitschriften zu kopieren. Alle Mädchen sahen plötzlich wie Lampenschirme aus. Man trug Reifenröcke und Nylonblusen, man schwitzte sich tapfer durchs Leben. Nicht zu vergessen der schwarze, kreisrunde Taftrock und der unverzichtbare acht Zentimeter breite Gummigürtel mit Eloxal-Verschluss.

„Lebensmittel haben wir damals, als wir in Gersthof gewohnt haben, bei den Greißlerinnen gekauft. Das waren zwei seltsame Damen, die ohne familiäres Familienverhältnis zusammen arbeiteten und lebten." Frau Albine und Frau Steffi, so hießen sie, schlugen ihr gegenüber immer einen sehr harschen, strengen Ton an. Inge fand es faszinierend, dass beide Perücken trugen, die ständig verrutscht waren. Dass die meisten Frauen, wie auch ihre Mutter, Kopftücher trugen, war für sie als Kind weniger ungewöhnlich. Kopftücher beherrschten damals das Straßenbild, sie wurden getragen, um sich für ausländische Soldaten unattraktiv zu machen und so einem möglichen Übergriff zu entgehen. Sie wurden aber auch getragen, um das schüttere Haar, Resultat der massiven Unterernährung, zu verdecken.

Als 1945 noch die Bomben fielen, wurden die Wasserleitungen in Gersthof beschädigt. Insgesamt hatten die Hochquellwasserleitungen im Wiener Stadtgebiet 3.580 Schäden durch Kriegseinwirkung erlitten, natürlich waren auch die Zuleitungen außerhalb Wiens betroffen. Oft blieben für die Versorgung der Haushalte nur die Hydranten auf der Straße. Deren Wasser musste abgekocht werden. Im Pötzleinsdorfer Schlosspark gab es einen einzigen Wasserhydranten. „Wir gingen mit dem Leiterwagerl und großen Einmachgurkengläsern eineinhalb Stunden dorthin. Die Straßenbahn ging nicht mehr. Am Hydranten füllten wir Wasser ab. Eineinhalb Stunden ging es wieder retour. Die Armut war groß und die Menschen sind damals nicht alt geworden. Oft starben sie im Alter von 60 Jahren an einem Hirnschlag oder an einem Herzinfarkt."

Polenta, auch Maisgrieß genannt, gab es oft zum Abendessen. Inges Mutter hatte sie mit Marmelade versüßt. Es standen nur einfache Lebensmittel zur Verfügung, wie Mehl, Milch, Zucker, Hülsenfrüchte und Ersatzkaffee. Not macht erfinderisch. So erschien 1946 ein dünnes Kochbücherl für Hausfrauen vom Küchenchef Franz Ruhm mit dem Titel: „133 Kochrezepte für 1946 – Eine Sammlung von Rezepten aus schwerer Zeit", gedruckt im Eigenverlag in Purkersdorf. Darin befanden sich Anweisungen für einfache Hausmannkost, eine halbwegs befriedigende Kost bei geringer Nahrungsmittelbasis. Darin zu finden waren auch viele Rezepturen mit Maisgrieß.[10]

Als im März 2020 die Coronavirus-Pandemie ausbrach und die österreichische Regierung den wirtschaftlichen Shutdown – schließen mussten alle Geschäfte und Restaurants bis auf Lebensmittelhändler – mit Ausgangsbeschränkungen ankündigte, waren am Freitag vor dem letzten regulären Wochenende die Regale mit Grundnahrungsmitteln wie Mehl, Zucker, Teigwaren und Konservendosen nahezu leer geräumt. Binnen weniger Wochen schnellte die Arbeitslosenrate im April auf ein Höchstmaß, noch nie waren seit Ende des Zweiten Weltkrieges so viele Arbeitslose gemeldet gewesen. Im Mai betrug die Zahl der Arbeitslosen und der Kurzarbeiter 1,4 Millionen. Vor der Pandemie verzeichnete man 4,4 Millionen Beschäftigte. Parallelen zu den Nachkriegsjahren wurden gezogen. Vom wirtschaftlichen Wiederaufbau war die Rede. Man entdeckte die gute alte Hausmannskost, buk wieder Brot zu Hause. Haubenlokale, wie das renommierte „Steirereck im Wiener Stadtpark", besannen sich der traditionell einfachen Wiener Küche und stellten den privaten Haushalten Gulasch, Eingelegtes, Eintöpfe und Knödeln zu. Im Essen liegt bekanntlich viel Tröstliches und so mancher erinnerte sich an die Knödel seiner Mutter oder Großmutter. Die Erinnerung nimmt romantische Züge an, die Realität der Großmütter in der Nachkriegszeit war eine völlig andere.

In Inges Kindheit war für Geborgenheit keine Zeit. Wenn eine Mutter ums Überleben kämpft und Zeit fehlt, ihr Kind zu liebkosen, wie sollte es dann auch anders sein? Mit Resi war es anders. Sie gab Inge die Wärme, die ihr bei der Mutter fehlte. Ab und zu durfte sie auf den Schoß ihrer Großmutter. Sie war es auch, die Inge tröstete, wenn schlechte Schulnoten sie zu entmutigen drohten: „Gott verteilt Stärken und Talente gerecht. Dem einen gibt er dies, dem anderen das." Neid sollte Inge auch als Erwachsene fremd bleiben. Die fehlende Mutterliebe war ein Zeichen der Zeit. Im täglichen Überlebenskampf waren Zärtlichkeit und Nähe zu den Kindern selten, es herrschte Zucht und Ordnung, bis weit in die 1970er-Jahre hinein.

„Rabenmütter" wurden Frauen genannt, die nicht dem traditionellen Familienbild der Hausfrau und Mutter, das der Nationalsozialismus als Familienideologie nährte, entsprachen. Der Krieg erzwang neue Rollenbilder. In den Nachkriegsjahren war man auf die Erwerbsarbeit der Frauen weiterhin angewiesen. Arbeiterfrauen konnten zwischen Haushalt und Beruf nicht wählen. Zum Beruf der Hausgehilfin, wie Resi es war, wollten viele nicht mehr zurückkehren. Der Emanzipationsprozess hatte eingesetzt und die Doppelbelastung der Frauen sich durchgesetzt.

Auch Inge würde diese erfahren. Sie würde ihr Leben lang Beruf, Haushalt und Pflege der Verwandten vereinbaren müssen.

„Wenn das Kind nicht folgte, dann gab es Ohrfeigen oder einen ordentlichen Klaps auf den Hintern. Das gehört heute schon zur Kindesmisshandlung." In Lockenhaus liefen die Nachbarskinder barfuß umher. In der Früh haben die Eltern die Kinder hinausgeschickt „Spielt's ein bisserl und kommt's erst am Abend wieder zurück." Wenn sie hungrig waren, haben sie den Kukuruz vom Feld gegessen.

Inge ist ihrer Mutter dankbar. Jetzt im Alter denkt sie oft, sie hätte gerne mehr Zeit mit ihr verbracht, mehr mit ihr unternommen. Später, als sie ihre Mutter sieben Jahre vor ihrem Tod pflegte, war dazu keine Möglichkeit mehr. Als Kind hatte sie ihre Mutter als streng empfunden, später wuchs das Verständnis zwischen den beiden Frauen. Inge war nie besonders gut in der Schule, das ließ ihre Mutter sie spüren. Es herrschte ein Existenzkampf, ihre größte Sorge war, dass aus dem Kind nichts werde. Inges Noten waren eher durchschnittlich. In den Sprachen, in Zeichnen und Turnen war sie blendend, aber in den restlichen Lernfächern eher mäßig. Die Mütter waren von Ängsten getrieben, ihre Kinder sollten es einmal besser haben. Heute ist es nicht viel anders.

DER ABENTEURER

Grinzing, ein im Nordwesten von Wien liegender Stadtteil, ist besonders dank des angrenzenden Wienerwalds grün und für seine romantisch am Hang gelegenen Weinberge bekannt. Von dort führt die Himmelstraße hinauf zum Cobenzl, auf dem man einen atemberaubend schönen Blick auf ganz Wien hat. Inges Mutter und Inges späterer Stiefvater Fritz Katsch wuchsen gemeinsam in Grinzing in Nachbarhäusern auf. Sie waren schon als Jugendliche befreundet und ein wenig ineinander verliebt. Ihre Wege trennten sich, als Fritz mit 19 Jahren als junger Elektrotechniker ins Ausland ging. Er war ein Abenteurer und seine Reise führte ihn zunächst über die Türkei nach Persien, wo Fritz auch den Schah Mohammad Reza Pahlavi kennenlernte, und von dort nach Indien. In all den Jahren, in denen Fritz im Ausland lebte, hatten Inges Mutter und Fritz sich nie ganz aus den Augen verloren, ein regelmäßiger Briefwechsel hielt ihre Freundschaft aufrecht.

Als Inges Vaters im Oktober 1944 verunglückte, standen plötzlich einige Zeit später fremde Herrenpantoffel im Vorzimmer. Exotische Dinge lagen herum, wie ein ausgestopfter Alligator, der sie mit großen leblosen Augen anstarrte. Inge stolperte über eine Riesenschlangenhaut und befremdende Masken, die nun die leeren Wände zierten, starrten sie an. Onkel Fritz kam immer öfter zu Besuch. Und eines Tages blieb er.

Fritz war im Grunde ein authentischer Mann, er hatte viel erlebt und so einiges zu erzählen. Zur Zeit des Zweiten Weltkrieges lebte er auf Sumatra und kehrte gegen Kriegsende nach Wien zurück, nur mit seiner Kleidung am Leib und einem Koffer in der Hand. Als junger 19-jähriger Mann und mit Abschluss seiner Ausbildung zum Elektrotechniker wollte er „einfach nur raus aus Wien", erinnert sich Inge an seine Erzählungen. Zuerst ging er in die Türkei, wo er sich mit Gelegenheitsjobs über Wasser hielt, daraufhin nach Persien, wo ihn der Schah, den er, wie erwähnt, kennenlernte, beeindruckte, um schließlich auf Java und Sumatra zu landen, wo er kurzum für die staatliche Eisenbahngesellschaft, die Nederlandsch-Indische Staatsspoorwegen arbeitete. Schließlich „musste er sich etwas Ernsthafteres überlegen und konnte nicht im Beruf Globetrotter bleiben". Schon bald würde er fließend Niederländisch sprechen und eine Maschine, beauftragt von den dort zuständigen staatlichen Behörden, zum Trocknen von Tee in großen Mengen entwickeln.

Onkel Fritz

Die Höhenlagen in West-Java, die Zusammensetzung aus rotem Lehm- und Waldboden mit teilweise 20 % Humusanteil, vermischt mit einer Schicht Vulkangestein, und die hohe Luftfeuchtigkeit sind nahezu ideal für die Teepflanzen. In Sumatra wurden die großen Plantagen erst im 20. Jahrhundert mit der „Assamhybride" angelegt, eine Kreuzung der beiden Teepflanzen „Thea sinensis" (Chinapflanze) und „Thea assamica" (Assampflanze). Sie gilt heute als Grundlage fast aller Teekulturen der Welt. Sie gehört zur Gattung der Kameliengewächse und ist fein, widerstandsfähig und sehr aromatisch.

Durch das dortige Klima hat der Tee während des ganzen Jahres fast gleichbleibende Eigenschaften, wodurch er für sogenannte Teemischungen geeignet ist. Viele Europäer mochten den Tee, dessen Aroma an Ceylontee erinnert. Im Zweiten Weltkrieg wurden viele Plantagen zerstört, wodurch die Anfangserfolge zunichtegemacht wurden und die Teeindustrie fast zum Erliegen kam.[11]

In den 80er-Jahren begann das Teaboard of Indonesia ein staatliches Aufbauprogramm. Die Tees wurden über Auktionen für den Export in Jakarta verkauft. Heute sind die Plantagen sowohl im Privatbesitz als auch in staatlicher Hand. Eine eigenständige Teekultur wie in Indien entwickelte sich jedoch in dem Vielvölkerstaat nie. Der Tee wurde anfangs als typisches Kolonialprodukt nur für den Verbrauch in den europäischen Mutterländern produziert. Die Einheimischen dienten vorwiegend als billige Arbeitskräfte und nicht als Konsumenten. Die Teekultur ist heute im 21. Jahrhundert sehr vielfältig. In Medan bekommt man in „Little India" starken Tee mit viel süßer Milch und Tee mit Gewürzen. In Chinatown und in den Malls der Großstädte trinkt man dagegen Pu-Erh, Jasmin, Grünen Tee und hochwertigen Oolong nach alter chinesischer Tradition. In den vielen kleinen Teehäusern auf dem Land im Herzen Javas wird Tee beispielsweise aus handgetöpferten Tonkannen in Tontassen eingeschenkt.[12]

Bis Fritz die Teetrocknungsmaschine in den 1930er-Jahren entwickelte, war die Schwierigkeit jene gewesen, dass die gepflückten Teeblätter bei der Lagerung zur Trocknung vor der Verschiffung entweder zu trocken und somit zu bröselig oder zu feucht und somit schimmelig waren. Es war aber nicht nur damit getan, diese spezielle Maschine zu bauen, sondern der Trockenprozess musste letztendlich 24 Stunden überwacht werden. Für diese Aufgabe engagierte Fritz Einheimische. Nachdem diese aber immer wieder einschliefen und die Tranche infolgedessen am Morgen zum Wegwerfen war, installierte Fritz eine Art Glocke, die den Wächter am Einschlafen hinderte. Der optimal getrocknete Tee wurde sodann zu Ballen zusammengebunden und in Jutesäcken für die Verschiffung verpackt.

Die gesamte Teeproduktion wurde von den Niederländern auf der Insel kontrolliert. Sumatra war erst 1596 mit der Landung der Niederländer auf der Insel zur Kolonie geworden. Nacheinander unterwarfen sie alle Sultanate, wobei Aceh erst 1905 völlig besiegt wurde. Die Niederländer setzten sich auf Sumatra gegen die Briten durch, was im Britisch-Niederländischen Vertrag von 1824 bestätigt wurde. Ende des 19. Jahrhunderts entstanden weltweit neue, „moderne" Plantagen.[13] Ihre Kennzeichen: Sie lagen in abgelegenen Gebieten, Geld und Management kamen aus verschiedenen Ländern (Europa und USA), neue wissenschaftliche Erkenntnisse zur Ertragsoptimierung wurden angewendet und neben wenigen Spezialisten wurden viele ungelernte Arbeiter benötigt. Sie liefen alle barfuß und hatten dicke Schwielen an den Füßen, erzählte Fritz Inge immer wieder. Ein Foto, auf dem er mit weißem Hemd, kurzen cremefarbenen Bermudahosen und einem Hut, wie ihn nur Abenteurer auf Expedition, auf Plantagen oder im Dschungel trugen, abgebildet ist, steht auf Inges kleinem Biedermeiertischchen in ihrem Wohnsalon. Aus den Erzählungen Inges lässt sich nicht mehr ganz klar rekonstruieren, wie es dazu kam, dass Onkel Fritz sich als Kriegsgefangener gemeinsam mit Heinrich Harrer im britischen Internierungslager Dehradun wiederfand.

Heinrich Harrer war österreichischer Bergsteiger, Forschungs-reisender, Geograf und Autor. Bekannt wurde er als einer der Erstbesteiger der Eiger-Nordwand sowie durch sein Buch „Sieben Jahre in Tibet", das mit Brad Pitt in der Hauptrolle verfilmt wurde und seine britische Kriegsgefangenschaft beschreibt. Im Sommer 1939 hatte eine von der nationalsozialistischen Deutschen Himalaja-Stiftung organisierte Erkundungsexpedition zum Nanga Parbat stattgefunden, an der Harrer unter der Leitung von Peter Aufschnaiter neben Lutz Chicken und Hans Lobenhoffer teilgenommen hatte. Als die Deutschen Ende August in Karatschi auf das überfällige Frachtschiff für die Heimreise warteten, wurden sie wegen des am 1. September 1939 ausgebrochenen Zweiten Weltkrieges festgehalten. Sie landeten in mehreren britischen Übergangslagern, wie dem Gefangenenlager Deolali (Nordindien), im Internierungslager Ahmednagar nahe Bombay, zuletzt bis 1944 in dem bereits genannten Dehradun.[14] In der langen Zeit der Gefangenschaft von 1939 bis 1944 brachte sich Harrer Tibetisch, Hindi und Japanisch bei. In Dehradun, so erinnert sich Inge an die Erzählungen von Onkel Fritz, haben die beiden einander kennengelernt. Onkel Fritz würde letztendlich Heinrich Harrer, so wurde es ihr erzählt, zur Flucht aus dem britischen Lager Dehradun verhelfen. Fritz hatte eine Schweinezucht im Lager gegründet, die ihn zum täglichen Ausgang mit den Schweinen rund um das Lager bevollmächtigte. So war es ihm gelungen, nach und nach ein Stückchen des Zaunes, der das Lager eingrenzte, zu durchtrennen. Harrer gelang mit einer Gruppe anderer die Flucht. Diese würde zwei Jahre dauern und ihn über 65 Himalaja-Pässe führen. 1946 erreichten sie gemeinsam mit anderen Ausbrechern Tibet. Harrer war zunächst als Übersetzer und Fotograf für die tibetische Regierung tätig, später als Lehrer des jungen 14. Dalai Lama, mit dem ihn letztendlich eine lebenslange Freundschaft verband. Wegen des tibetisch-chinesischen Konfliktes von 1950/51 floh Harrer 1951 nach Indien, zunächst den Dalai Lama bis an die Landesgrenze begleitend. Von dort kehrte Harrer im nächsten Jahr nach Europa zurück.[15] Was mit Fritz nach der Flucht Harrers und seiner Gefährten geschah, ist nicht ganz klar. Ebenso lässt sich anhand von Inges Erzählungen nur mutmaßen, wie Fritz überhaupt von Sumatra aus ins Lager geriet.

Höchstwahrscheinlich hatte es sich so ereignet: Bei Ausbruch des Zweiten Weltkrieges lebte Fritz auf Sumatra. Vom 14. Februar bis 28. März 1942 ereignete sich die japanische Invasion und führte zum Fall der kompletten kolonialen Besitzungen der Niederländer auf der Insel. Der Fall Sumatras war zeitlich vor der Invasion Javas geplant, um die starke Westflanke der Alliierten mit Zugriff auf Java auszuschalten. Anfang Mai 1940 wurden die zahlreichen, in Niederländisch-Indien lebenden Deutschen interniert. Den Frauen wurde erlaubt, nach Japan auszureisen, wo 1945 noch 700 lebten.[16] Die Männer, darunter höchstwahrscheinlich Fritz, wurden Ende 1941 nach Indien verschleppt, wo er im britischen Internierungslager Dehradun landete. Das Lager Premnagar von Dehradun wurde im September 1941 eröffnet. Ende Oktober 1942 waren dort 765 Reichsdeutsche (das heißt Nazi-Sympathisanten) interniert. Die Zahl deutscher Insassen, wobei Juden nicht berücksichtigt sind, stieg bis Jahresende auf 2.050.[17]

In Dehradun erfolgte die Unterbringung in Ziegelbaracken mit tief überhängenden Strohdächern. Die langen, schmalen Gebäude verfügten über Veranden und waren auf 40 Mann ausgelegt. Möbel, außer den Betten, mussten selbst gezimmert werden. Der Küchendienst rotierte täglich.

Das Lager war in Abteilungen, sogenannte Wings, gegliedert. Wing 1 war für Nazis. Im Wing 1 gab es weiterhin die für die Internierungslager typische Unterscheidung zwischen Klasse A und B, wobei die Klasse A für 20 Ältere und Kranke, die in Einzel- oder Doppelzimmern besser untergebracht und verpflegt wurden, galt. Ankömmlinge wurden vor die Wahl gestellt, ob sie in der Pro- oder Anti-Nazi-Sektion untergebracht werden wollten. Bei guter Führung und besonders in den späteren Jahren war es Insassen gestattet, das Lager zwischen 6 und 19 Uhr zu verlassen, die Insassen von Wing 1 jedoch nur unter bewaffneter Aufsicht.[18]

Wing 2 beherbergte Nazigegner, Flüchtlinge usw. Im Wing 3 befanden sich etwa 270 ältere und kranke Internierte, meist aus Niederländisch-Indien. Auch eingeliefert wurden deutschstämmige buddhistische Mönche aus Ceylon wie Nyanatiloka, Nyanaponika, Nyanakhetto und Anagarika Govinda, der schon die britische Staatsangehörigkeit angenommen hatte. Wing 4 wurde zur Inhaftierung von Italienern genutzt.[19] In welchem Wing Fritz untergebracht wurde, kann nicht rekonstruiert werden. Vielleicht hat er es gegenüber Inge erwähnt, jedoch entzieht sich dies ihrer Erinnerung. Tatsache ist, dass er im Lager auf Heinrich Harrer und seine Gefährten stieß, darunter auch ein Siemens-Direktor. Sie würden gemeinsam mit dem Hofmaler der Königin Juliana der Niederlande später in Wien eine samstägliche Bridge-Runde in Fritz' und Marthas, Inges Mutter, Zuhause bilden. Inge vermutet, dass die Verbindung von Fritz zu Siemens, die später zu seiner Gründung der ersten Siemens-Zulieferungswerkstätte führte, aus dieser Internierungszeit herrührt.

Was nun mit Fritz nach der Flucht seiner Freunde aus dem Lager Dehradun geschah, ist nicht ganz klar. Inge nimmt an, dass er bis zur Auflösung des Lagers 1945 dort interniert geblieben war. Als im Sommer 1945 entschieden wurde, dass alle „feindlichen Ausländer" in ihre Heimatländer auszuweisen seien, traf dies mit höchster Wahrscheinlichkeit auch auf Fritz zu. Am 27. November 1946 verließ das niederländische Schiff Johan van Oldenbarnevelt mit mehreren hundert Deutschen an Bord, die von den Passagieren alliierter Nationen separiert wurden, Bombay. In Mombasa wurden noch 1.200 italienische Kriegsgefangene an Bord genommen, was zu extremer Enge führte. Inge glaubt sich zu erinnern, dass Fritz von diesem Schiff erzählte, das ihn schließlich nach Wochen des Bangens auf hoher See in seine Heimat zurückbrachte.

Fritz gründete die erste Siemenswerkstätte als Zulieferunternehmen in Stadlau am Stadtrand Wiens und baute die ersten großen Schaltkästen für Fabriken, Konzerne und Firmen, im Prinzip nur aus Schrott, da es nach dem Krieg so gut wie kein Rohmaterial gab. Inge erzählt, dass er bis zu seinem Lebensende von seiner gewissen Exzentrik nichts einbüßte. Mit seinen zwei Sekretärinnen fuhr er täglich pünktlich um 9.30 Uhr in seinem Opel in den 1. Bezirk, um genüsslich Kipferl, Semmerl und einen Häferlkaffee zu frühstücken, zu arbeiten begannen sie erst danach. Das erste erschwingliche Auto war für Fritz ein Renault 4 CV gewesen, der in den 1960er-Jahren in Massenproduktion ging, ein viertüriger PKW mit Heckantrieb und mit einem neu entwickelten wassergekühlten Vierzylinder-Reihenmotor.

Der Renault war ein Symbol des Wiederaufbaus und des damit verbundenen neuen Lebensgefühls. Die Sechzigerjahre waren in jeder Hinsicht eine Aufbruchszeit. Obwohl nicht alles fröhlich und unbeschwert war, stellte sich doch ein Gefühl der Freiheit ein: Die Antibabypille erlöste die Frau aus ihrer traditionellen Rolle, Juri Gagarin eroberte als erster Mensch den Weltraum, der Südafrikaner Christiaan Barnard verpflanzte Herzen und in den USA wurde John F. Kennedy zum Präsidenten gewählt. Die Wochenarbeitszeit sank 1959 in Österreich von 48 auf 45 Stunden und schon 1961 wurden vier Wochen Jahresurlaub zum Standard.

Inge beschreibt Onkel Fritz als jemanden, den sie nie hektisch erlebte. Die Langsamkeit, die er aus der indonesischen Kultur mitbrachte, trug ihn durch sein ganzes Leben. Sein Spruch war: „Einmal anschauen, einmal nachdenken, einmal abwägen und dann machen." Er war genau das Gegenteil von Inges Mutter Martha, deren Antrieb immer war, dass „alles sofort zu geschehen hatte". Wenn ihr dann einmal wieder etwas zu langsam war, würde er ihr antworten: „Du gackerst über ungelegte Eier."

Der Verlust Karls war für Martha ein Schicksalsschlag, der sie veränderte und, so meint Inge, aus ihr auch eine „Pflichtperson" machte. Fritz starb 1999, ein Jahr nach Marthas Tod. Inge hat beide in ihren letzten sieben Lebensjahren bis zu ihrem Tod gepflegt. Auf die Frage, ob Martha mit Fritz ihr Glück wiederfand, meint Inge nur: „Es haben sich zwei zusammengetan, die alles verloren hatten."

Obwohl es Onkel Fritz gab, fehlte der Vater in Inges Leben. Die emotionalen Erlebnisse unserer Kindheit entscheiden, wen wir später lieben. Kann eine Welt ohne Vater heilen? Inge würde ihren Weg allein gehen.

ERSTE SCHRITTE

Das Glück war auf Inges Seite. Ein Leben lang würden ihr Menschen begegnen, die ihr weiterhalfen, Türen öffneten und ihr den richtigen Weg wiesen. Als Inge die Schneiderwerkstatt K. verließ, begann sie die Mannequinausbildung bei Hedy Pfundmayr, einer ehemaligen Solotänzerin der Wiener Staatsoper. Es war ein Vorteil und damals ausdrücklich gewünscht, dass Mannequins auch gleichzeitig gelernte Schneiderinnen waren. So konnten sie kleinere Änderungsarbeiten gleich selbst durchführen.

Mit 20 hatte Inge die Hausmannequinprüfung gemacht und als solches in einem Modehaus in der Kärntnerstraße gearbeitet. Der 1. Bezirk von damals ist mit dem von heute nicht mehr zu vergleichen. Sind Kärntnerstraße und Graben heute Fußgängerzonen, so waren sie damals und bis 1973 stark befahrene Straßen. Das Modegeschäft bedeutete einst wie heute für viele junge Mädchen die große Welt. Es kamen die Damen mit „ihren Herren", die Seide wurde ausgerollt, die Kleider waren unerschwinglich teuer. Vom Glanz ließ sich Inge nicht blenden. In puncto Essen musste sie sich immer kasteien. Die Größe 36 war ihr von Natur aus nicht gegeben. Zukunft hatte das keine. Modepapst Adlmüller, der in den 1950er- bis 1970er-Jahren der erfolgreichste und bekannteste Wiener Designer war, kam nach einer Vorführung zu ihr und meinte nur knapp: „Ihre Wiener Hüften werden einmal Probleme machen." Zu ihrem Glück waren damals aber noch Marilyn-Monroe-Kurven modern.

1929 kam Fred Adlmüller als gebürtiger Deutscher und als im elterlichen Betrieb gelernter Koch nach Wien, wo er zunächst in verschiedenen Modehäusern als Modeeinkäufer arbeitete, bis er 1934 an seiner ersten Haute-Couture-Kollektion zu arbeiten begann. Nach den Kriegswirren gründete er mit Ignaz Sass und seiner Frau die Firma Stone & Blyth Nachfolger – W. F. A. Ges.m.b.H. Im Jahr 1950 konnte Adlmüller das Unternehmen durch Zahlung einer Leibrente vom Ehepaar Sass komplett übernehmen. Seine Damenmode, die unter anderem von in- und ausländischen weiblichen Stars und Politikergattinnen getragen wurde, wird als Haute Couture in femininem klassischem Stil beschrieben. Adlmüller lieferte auch die Staatsfräcke für die Bundespräsidenten der Zweiten Republik.

Die Designwelten Fred Adlmüllers, des Modehauses Faschingbauer und des Wiener Haute-Couture-Designers Farnhammer, sie alle standen für figurbetonte, stoffaufwendige Kleider sowie erlesene Schneiderkunst, doch für Inge sollte es nur eine Episode bleiben. Heute sind diese Modehäuser mit ihren elitären Adressen am Graben und in der Kärntnerstraße aus der Wiener Innenstadt verschwunden.

Als junges Mannequin würde Inge im namhaften Modeatelier von Silhouette in der Kärntnerstraße Ecke Annagasse stundenlang aufrecht und ruhig stehen, damit die Kleider angepasst werden konnten. Die eine oder andere Nadel der Schneiderin konnte sich schon mal in ihrer Schulter, in ihrem Arm oder auf ihrem Rücken verirren. Diese „Gfraster". Nein, Zukunft war das keine. Mannequins waren, nicht viel anders als heute, mit der Zeit psychisch und emotional verbraucht, in einer vermeintlich schönen Welt. Aber schöne Welt war das keine.

Ihre Freundin Constanze von Almássy lernte Inge in der Handelsschule kennen. Sie war eine beeindruckende und außergewöhnlich selbstbewusste Erscheinung, groß, blond, blauäugig und frech. Constanze stammt aus einem alten ungarischen Militäradel. Ihre Tante Susanne von Almássy war eine bekannte österreichische Schauspielerin, mittlerweile schon verstorben, die an allen großen Häusern in Wien, an der Burg, im Theater an der Wien, in der Josefstadt und im Volkstheater sowie in München, Basel und Zürich spielte. In den 1970er-Jahren würde sie auch in Filmproduktionen an der Seite von Stars wie O. W. Fischer, Curd Jürgens und Hans Moser zu sehen sein. Constanzes Großvater hatte als Kriegsveteran des Ersten Weltkrieges eine Trafik hinter dem Stephansdom in der Wiener Innenstadt erworben, welche heute noch von einem Sohn der Schwester Constanzes geführt wird. Constanze parlierte schon damals gekonnt und charmant in vier Sprachen und Inge dachte sich, das könne sie nie erreichen. Als Kind war sie ja nicht gefördert worden. Ein Studium stand nicht zur Diskussion, wie auch bei ihrer Freundin Christl nicht, die gerne ein Medizinstudium absolviert hätte, was jedoch der Vater als Alleinverdiener nicht finanzieren konnte. Christl würde später in dem Augenoptikergeschäft ihres Mannes arbeiten. Inge hingegen musste ihr Talent selbst erst entdecken und beim Fernsehen hieß es „learning by doing".

SHOWTIME

VON DER KOMPARSERIE ZUR REGIE

Inge lernte Doris Valentin kennen, die wie Inge als Komparsin bei verschiedenen Produktionen am Rosenhügel arbeitete. Doris war die treibende Kraft, die Inge überallhin mitnahm und sie für diverse Jobs anmeldete. Inge erinnert sich, dass sie eines Tages für einen Werbedreh der ÖVP engagiert wurde, bei dem „die Anonymen", die Komparsen, Papiersäcke über den Kopf gestülpt trugen und die Balustrade vor dem Parlament stürmen sollten. Es war Winter und eiskalt. 200 Komparsen fanden sich vor dem Parlament ein. Das Durcheinander war groß. Irgendwann verlor Inge die Geduld, griff einfach mutig zum Megafon und brachte Ordnung in die chaotische Menge. Dass es Inge gelang, durch ihre Anweisungen die vielen Leute richtig anzuordnen und den Dreh zu beschleunigen, beeindruckte den dortigen Hauptaufnahmeleiter Günther Köpf sehr. Kurzerhand fragte Köpf Inge, ob sie denn für die Unterhaltungssendung „Wünsch dir was" als Assistentin arbeiten wolle.

Die erste Pilotsendung von „Wünsch dir was" entstand 1968 in der Wiener Stadthalle, Regie führte Michael Pfleghar. 1969 wurde die Sendung aus der Wiener Stadthalle, unter der Regie Otto Anton Eder, ausgestrahlt. 1970 folgte Wiesbaden. Köpf würde Inge fragen, ob sie denn nach Deutschland auch als „Insertblätterin", das war auch ihre damalige Aufgabe als Assistentin, mitfahren möchte. Budget hätten sie keines mehr, ein Flugticket für die Produktion in Wiesbaden wäre nicht mehr drin, aber wenn sie sich in die Bahn setzte, könnte er sie noch ins Team aufnehmen. Unter „Insertblätterin" verstand man die Tätigkeit der Assistentinnen, in der Regel waren es junge Frauen, die bei Fernsehspielen die Punktezahl der Kandidaten auf einem schwarzen Karton in weißer Schrift in die Kamera hielten, sodass diese aufgenommen werden konnten. Die Technik war noch nicht so weit entwickelt, um Informationen und Zahlen einfach ins Bild einzublenden. Am zweiten Tag fiel in Wiesbaden die Regieassistentin Tina Kosak aus. Kurzerhand übertrug Herstellungsleiter Harald Windisch Inge die Aufgabe der Regieassistenz.

„Wünsch dir was" war eine Samstagabend-Show, die in Österreich, Deutschland und der Schweiz ausgestrahlt wurde und das Familienfernsehen neu definierte. Dieter Böttger sollte im Auftrag von Helmut Zilk gemeinsam mit dem Journalisten Joki Kirschner eine Familiensendung entwickeln. Die Produktion sollte eine Auftragsproduktion der Studio Film GmbH, die Peter Pochlatko gehörte, sein. Die Regie sollte der international gefragteste und teuerste deutsche Regisseur, Michael Pfleghar, die Gage konnte bis zu 350.000 Schilling pro Sendung betragen, übernehmen. Es kam jedoch anders, erzählt Dieter Böttger. Pfleghar war für die zweite Sendung „Wünsch dir was" 1969 von einem Dreh in Brasilien nach Wien gekommen. Reisebedingt quälten ihn Darmbeschwerden und er konnte das Hotelbadezimmer nicht verlassen. Es war Otto Anton Eder, der für ihn einsprang. Nach Michael Pfleghar und Otto Anton Eder führte auch Peter Behle Regie. Es gab acht Sendungen im Jahr, vier im Frühjahr und vier im Herbst. Im Zentrum der Show standen Familien aus allen drei Ländern, deren Angehörige spezielle Aufgaben zu lösen hatten, während der Rest der Familie vorhersagen musste, was Vater, Mutter, Tochter, Sohn wohl machen würden. Dafür hatten Dieter Böttger und Joki Kirschner mit einem Arbeitsmediziner eine Broschüre mit psychologischen Fragen auf Basis des Lüscher-Farbtests für die Kandidaten entwickelt, die Aufschluss über die Familienkonstellation – herrschten Harmonie, Zwist oder Spannungen? – sowie die Persönlichkeiten und

Psyche der einzelnen Familienmitglieder geben sollte. Der Lüscher-Farbtest ist ein 1947 von Max Lüscher entwickelter projektiver Persönlichkeitstest, der die Präferenzordnung eines Probanden für vorgegebene Testfarben ermittelt und auf der Annahme beruht, dass sich daraus verlässlich und wirksam psychologisch relevante Charaktereigenschaften bestimmen lassen.

Präsentiert wurde „Wünsch dir was" vom Schauspieler Dietmar Schönherr und dessen Frau Vivi Bach, die auch Teil des größer werdenden Redaktionsteams wurden. Zuständig für die Entwicklung der Spiele war ORF-Redakteur Kuno Knöbl, der dafür Peter Hajek und den Schweizer Journalisten Guido Baumann engagierte.

Der Titel der Sendung selbst entstand, als das Entwicklungsteam, das aus Kuno Knöbl, Peter Pochlatko, Vivi Bach, Dietmar Schönherr und Dieter Böttger bestand, im Zug nach Venedig saß. Schönherr hatte für die Redaktionssitzung in Wien keine Zeit und musste für ein Engagement nach Venedig. Pochlatko kaufte kurzerhand Tickets für einen ganzen Waggon des „Blauen Blitz", ein in den 1950er-Jahren gebauter Schnellzug-Dieseltriebwagen, der zwischen Venedig und Wien hin und her fuhr und dadurch Bekanntheit erlangte. Als sie über die Spiele berieten, fragte Böttger die illustre Runde: „Aber wie wird die Sendung überhaupt heißen?" Es ging um die Erfüllung eines Wunsches einer teilnehmenden Kandidatenfamilie und Pochlatko antwortete: „Na dann nennen wir sie ‚Wünsch dir was'."

Nach den ersten Sendungen von „Wünsch dir was" stieß auch der multitalentierte Künstler und Entertainer André Heller zum Team dazu, der gleich für einen handfesten Skandal sorgte, indem er die Tochter einer Familie eine Transparentbluse anziehen ließ. Bis heute listet das ZDF diesen Auftritt unter einen der „größten Fernsehmomente" seiner Geschichte auf. Über Heller sagt Dieter Böttger, der auch für die Sendung zum ersten Mal in der Fernsehgeschichte Moderationskarten einführte: „Er war eine Bereicherung für die Sendung. Spiel hat er keines erfunden, aber eine

Hetz haben wir mit ihm gehabt. Er ist unheimlich g'scheit und weiß, wie man sich in Szene setzt." Da es noch kein Privatfernsehen gab, sahen mehr als 30 Millionen Menschen in Deutschland, Österreich und der Schweiz die Show. Die Produktionskosten beliefen sich laut Dieter Böttger auf zirka 20 Millionen Schilling. Er erzählt, er habe im Rahmen der Sendung „Wünsch dir was" auch den Lichttest und den Wassertest erfunden. Beim Lichttest wurden Zuschauer gebeten, möglichst viele elektrische Geräte in ihrer Wohnung einzuschalten. Mitarbeiter der Elektrizitätswerke überwachten dann den Anstieg des Stromverbrauches. Für die Show wurde stets eine Stadt ausgewählt, die durch Ein- und Ausschalten der Leuchtmittel in der Wohnung über Kandidaten-Familien abstimmen sollte. Das nannte sich Lichttest und wurde durch einen Mitarbeiter im jeweiligen E-Werk überwacht. Dieser gab dann an, um wie viel der Stromverbrauch bei der Abstimmung gestiegen war. Danach wurden alle aufgefordert, wieder auszuschalten, um die Ausgangssituation für die nächsten Kandidaten gleich zu halten.

Wegen der hohen Belastung des lokalen Stromnetzes wurde in „Wünsch dir was" für einige Folgen eine abgewandelte Form des Lichttests gewählt. Hierbei wurden die Zuschauer dazu aufgefordert, Wasserhähne zu öffnen und Klospülungen zu betätigen. Dieses alternative Verfahren wurde später wegen Kritikäußerungen über Wasserverschwendung eingestellt. Ab 1979 stand mit TED ein telefonisches Abstimmungssystem zur Verfügung.

Ein weiterer Künstler, der mit „Wünsch dir was" eng verbunden ist, war Friedensreich Hundertwasser, der in dieser Sendung 1972 seine teilweise auch in der Realität umgesetzten Modelle von Häusern mit begrüntem Dach vorstellte. Der österreichische Künstler ließ sich bei dieser Sendung auch bei einem Gemeindebau in der Andergasse im 17. Wiener Bezirk filmen, dessen Fassade er im Fensterbereich mit seiner markanten Malerei dekorierte, ohne davor die Erlaubnis der Mieter eingeholt zu haben. Sein Credo, so erzählt Dieter Böttger, der mit seinem Fernsehteam vor Ort filmte, war: „Jeder hat das Recht auf seine eigene

Fensterbemalung." Die gerade Linie sei ohnehin gottlos. Es dauerte Stunden, so erinnert sich Böttger, bis der erste Fensterrahmen fertig wurde. Auch beim Fernsehen ist Zeit Geld. „Wenn der so weitermacht, dann schaffen wir an einem Tag das zweite Fenster nicht", murmelte Böttger vor dem Team und rief Hundertwasser zu: „Du, Friedensreich, kann ich das zweite Fenster machen?" Hundertwasser war begeistert von der Idee. Im Handumdrehen schnappte Böttger sich den Pinsel und begann am zweiten Fenster zu malen. Der Rest ist Fernsehgeschichte.

Zwischen 1970 und 1977 folgten weitere Sendungen unter den Regisseuren Kurt Ulrich, Georg Martin Lange, Dieter Wendrich und Ekkehard Böhmer, „Udo Jürgens Show", „Wencke Myhre", „Caterina Valente", „James Last", „René Kollo", „Peter Alexander", „EWG" (Einer wird gewinnen), „Am laufenden Band", „Anneliese Rothenberger" und einige Folgen der „Roberto Blanco – Special-Silvester-Show".

Inge als Regieassistentin mit Paul Hörbiger und Peter Alexander am Set der Anneliese-Rothenberger-Sendung

In den 1970er- und 1980er-Jahren genossen die engagierten Regisseure für Unterhaltungsshows mit Peter Alexander, Caterina Valente, Wencke Myhre, Peter Kraus oder Hans-Joachim Kulenkampff noch eine Art Starkult, so ist Inge überzeugt. Dieter Wendrich war einer davon. Nach der Aufzeichnung einer Co-Produktion in der Wiener Stadthalle lud er das gesamte Team zu einer kleinen Abschlussfeier ein – auch Inge, die dieses Mal nur als Zuseherin zur Show gekommen war. „Wir sitzen noch beisammen, trinken etwas und du kannst deine deutschen Kollegen wiedersehen." Inge trug, wie es damals Mode war, einfache Hosen, leicht am Bein ausgestellt, sowie eine einfärbige Bluse. Nur ganz am Anfang ihrer Regieassistenz würde Inge ihre langen Haare zu einer Hochsteckfrisur mit einem modischen „Peppi", einem künstlichen Haarteil, frisieren, bald aber schon auf den praktischen, beinahe burschikosen Kurzhaarschnitt umsteigen, bis ihr weißes Haar, geschnitten zu einem Pagenkopf, ihre elegante und unaufgeregt dezente Erscheinung bis jetzt ins höhere Alter unterstreichen würde.

Inge als Regieassistentin bei der Show mit Peter Alexander, Udo Jürgens, Regie Ekkehard Böhmer

Bei dieser Abschlussfeier an besagtem Abend kam Inge neben einem ernst blickenden Mann zu sitzen, der sie fragte, was sie eigentlich mache. Auf ihre Antwort entgegnete er schnippisch: „Das habe ich schon gern, wenn Weiber Regieassistenz machen. Für mich kommt das überhaupt nicht infrage." Inge war eingeschüchtert, es verschlug ihr die Sprache. Heute würde sie sagen: „Wer sind denn Sie eigentlich?" Wie sich im Laufe des Abends herausstellte, war es Starregisseur Ekkehard Böhmer.

Knapp 14 Tage später läutete Inges Telefon. Eine dunkle Stimme raunte hinein, ohne einen Namen zu nennen: „Haben Sie Ihren Kalender bei der Hand?" Und Inge antwortete verblüfft: „Sind Sie der Installateur?" Böhmer war am anderen Ende der Leitung und wollte sie als Assistentin engagieren. Ein Mann der vielen Worte war er nie.

DER MENTOR

Der erste Job bei Ekkehard Böhmer war eine Show in Mainz in den Siebzigern mit dem Sänger Roberto Blanco. Das Flugticket wurde ihr vom ZDF zugeschickt. Das war's. So begann Inges Karriere. Der, der sie angeschnauzt hatte, mit keinen Frauen zu arbeiten, engagierte sie für einen Job. Die erste Sendung mit Böhmer war eine Teufelsprobe. Er gehörte nicht zu den Regisseuren, die viel erklärten. Inge bekam das Drehbuch hingeknallt, ohne Kommentar, ohne Anweisung. Man braucht eine dicke Haut beim Fernsehen. Die ganze Nacht hindurch studierte sie es im Hotelzimmer. Auf ihre Frage bei der Probe, wann sie den Rosenstrauß im Off deponieren sollte, meinte er: „Das müssen Sie spüren." Das hat sie. Böhmer kam danach zu ihr in die Garderobe, um ihr zu sagen: „Sie haben es verstanden."

Nach jeder Sendung gab es zwischen Böhmer und den ganz Großen vom ZDF, dem Unterhaltungschef und dem Finanzchef, sowie mit den Redakteuren ein Meeting. Die nächste Sendung wurde besprochen und kalkuliert. Das Team war ausgeschlossen. Sie lauerten neugierig auf dem Gang, gingen nervös auf und ab. Der eine oder andere lauschte am Schlüsselloch. Es drang nichts hinaus. Bei einem der Meetings flog die Tür auf. „Inge Letz, eintreten." Inge dachte, das sei es gewesen mit der Karriere. Böhmer nahm Inges Kalender und schnauzte: „Der ist doch ganz leer." Böhmer war impulsiv, wusste, was er wollte und das musste schnell geschehen. Seine Anweisungen waren kurz. Der Druck im Business ließ Schönrederei nicht zu. Das war seine Art, die man einfach akzeptieren musste, ohne darüber echauffiert zu sein.

Böhmer entließ sie an diesem Tag nicht, im Gegenteil, er gab Inge die Termine für die nächsten Shows. Ihre Gage wurde festgesetzt, Inge traute ihren Augen nicht, sie war viel höher, als sie erwartet hatte. Das war der Sprung zur Karriere, es ging für sie bergauf. Die folgenden Jahre arbeitete Inge beinahe ausschließlich bei Ekkehard Böhmer. „Dann kam Dieter Böttger mit dem Angebot, bei ‚Tritsch Tratsch' Regie zu führen." Abgeneigt war Inge nicht, nach Wien beruflich zurückzukehren. Mit den Jahren wurde es für sie emotional herausfordernder, aus dem Koffer zu leben, von einem Hotel zum nächsten.

„Tritsch Tratsch" war die erste Sendung, bei der sie das erste Mal, 1979, am Regiepult saß. Als 1981 das Angebot vom ZDF kam, bei „Dalli Dalli" Regie zu führen, gab sie diese Sendung ab. Die Medien überschlugen sich förmlich mit der Sensationsmeldung, eine Frau gebe bei „Dalli Dalli" das Kommando. Immerhin war das damals mit rund 30 Millionen Zuseherinnen und Zuseher eine der erfolgreichsten Shows in der Fernsehgeschichte. Als eine der größten deutschen Shows in den 1980ern gilt auch „Wetten, dass..?" mit Moderator Frank Elstner, ihm folgten Thomas Gottschalk, Wolfgang Lippert und Markus Lanz. Die höchste Zuseherquote bei „Wetten, dass..?" lag bei 23,42 Millionen.

DIE MEDIEN SCHRIEBEN ÜBER SIE

Heim und Welt Nr. 20, 1981: Inge Letz: Die Frau, die „Dalli-Dalli" laufend an die Spitze bringt. (...) Eine Frau hat stets viele Neider. „Es waren zumeist Männer, die gegen mich intrigierten. Die sahen in mir die lästige Konkurrenz."[20]

HÖRZU, 24.4.1981, von Theo Schäfer: Genug Frauen im ORF? Im ORF gibt es eine einzige Regisseurin für Unterhaltungsserien. Die Dame heißt Inge Letz. Hübsch und tüchtig regiert sie „Die große Chance", „Dalli-Dalli" und „Tritsch Tratsch" [21]

Echo der Heimat, 37. Jahr, Nr. 112/1981, S. 4: Ein neuer Star zog jetzt nach Klosterneuburg. (...) Inge Letz hat durch ihre Karriere den Beweis im Medium Fernsehen erbracht, daß hier nicht nur Männer das Sagen haben, sondern gerne einer Frau, die etwas kann, das Szepter übergeben."[22]

Bella, April 1981, S. 35, von Wolfgang Polte: Hans Rosenthal hört nur auf ihr Kommando. Inge Letz machte beim Fernsehen eine Traumkarriere. Innerhalb von zehn Jahren stieg sie von der unbekannten Hausfrau zur gefragten Showregisseurin auf. (...) Inge Letz strahlt jene Mischung aus weiblichem Charme und kühler Intelligenz aus (...). „Und was sagt ihr Mann dazu?"[23]

Neue Kronen Zeitung, Fernsehen Heute, 21.5.1981: Hans Rosenthals Chefin aus Wien. (...) Hans Rosenthal spielt dabei gern den Pantoffelhelden.[24]

Kurier Fernsehen, 23.8.1978, von Gerhart Pistor: Erstmals bei Fernseh-Unterhaltungssendung: Frau im Regiesessel. Erstmals in Österreich führt bei einer Fernseh-Unterhaltungssendung eine Frau Regie. Bei „Tritsch-Tratsch", von Guido Baumann präsentiert. Prophezeit wurde ihr, daß „Neid, Intrige und Kritik" auf sie warten. Sie weiß es mit Fassung zu tragen.[25]

DIE HALBE ERDE

Es ist mehr als 70 Jahre her, dass Simone de Beauvoir ihr philosophisches Werk „Das andere Geschlecht" verfasste und darin erklärte, dass unsere Gesellschaft den Mann als Normalzustand versteht und Frauen nur das zweitrangige, „andere" Geschlecht sind.

Anfang der 1960er-Jahre bereitete die Hippie-Bewegung den Weg für den Ausbruch aus gesellschaftlichen Zwängen und Konventionen. Sie schwappte aus den USA nach Europa über und bewegte Millionen von jungen Menschen, gegen die klassischen Rollen innerhalb der Familie zu rebellieren, den kapitalistischen Leistungsdruck sowie den Konsum abzulehnen. Woodstock, die Erfindung der Antibaby-Pille, die Drogen, die Jugend mit ihren lang gewachsenen Haaren und ausgestellten Glockenhosen waren Ausdruck der politischen und gesellschaftlichen Umbrüche. Die Emanzipation der Frauen, die noch die Einwilligung ihrer Ehemänner für ihre Berufstätigkeit benötigten, flackerte wieder auf.

1966 erregte eine Umfrage unter jungen berufstätigen Frauen im Alter zwischen 15 und 18 Jahren Aufmerksamkeit: Auf die Frage, ob sie glaubten, in zehn Jahren glücklicher zu sein, antworteten 67 %: „Wohl kaum." Das Vertrauen in Fortschritt und Gesellschaft ist in Österreich gering. Die Chancen sieht man nur in sich selbst und ein wenig in einem glücklichen Zufall. Das Glück machen die jungen Frauen am „Verheiratetsein" fest. Dieses baut nicht auf materialistischen Glücksgütern auf, sondern mehr auf der romantischen Vorstellung von Liebe und Kindern. Die Sehnsucht nach Liebe und Geborgenheit zieht sich durch alle Generationen und Zeiten hindurch. Der Unterschied: In den 1960er-Jahren wollen mehr als 90 % der Frauen nach der Geburt ihrer Kinder nicht mehr arbeiten. Oberflächlich und materialistisch wird die Jugend genannt, vielmehr ist sie aber zutiefst unsicher. Es gibt wenig Hoffnung auf eine neue, bessere Welt.[26]

Die 1970er-Jahre waren nicht weniger pessimistisch und turbulent. Beide Geschlechter, kontrahierende politische und soziale Ideologien, unterschiedliche geistige Fraktionen kämpften um den ersten Rang in der Gesellschaft. 1970 löste die österreichische Sängerin Marianne Mendt mit ihrem Liebessong „Wie a Glock'n" einen Skandal aus. Frauen, die im Dialekt sangen, galten 1970 noch als anstößig. Als Helmut Qualtinger und André Heller ihr gemeinsames Lied „Wean, du bist a oide Frau" veröffentlichten, empörte sich die Öffentlichkeit über die Anstößigkeit des Wortes „Sau" darin. Die Färbung des Dialekts war von jeher ein Indikator der sozialen Zugehörigkeit. Dass Heller sein schönes Schönbrunner Deutsch, das seine großbürgerliche Herkunft verriet, im Laufe seiner Karriere in Dialekt einfärbte, gehört zu seiner Entwicklungsgeschichte als Künstler. Die verschiedenen Sprachkolorite machen die Bewohner dieser Stadt auch besonders. Hie und da huscht auch bei Inge eine urtypisch Wienerische Formulierung in ihr gepflegtes Hochdeutsch hinein. Jedoch ein ordinäres Schimpfwort – niemals, nicht einmal in den stressigsten Momenten ihrer Live-Fernsehshows.

In den meisten Familien-Unterhaltungsshows, bei denen Inge Regie führte, wurden sozial-gesellschaftliche Konflikte bewusst außen vor gelassen, mit einer Ausnahme: „Wünsch dir was" war das letzte Fernsehlabor, in dem vor Publikum live experimentiert wurde, die erste Hauptabendsendung, in der Scheidung, Rassismus, Homosexualität zu Themen gemacht wurden.

Das vorrangige Ziel war die Vermittlung einer heilen Welt und somit einen unterhaltsamen Samstag für die ganze Familie zu gestalten.

Befremdet und von den meisten Frauen unbemerkt, auch Inge zählt sich dazu, beobachtete man in sicherer Distanz die Kämpfe der wenigen „Emanzen", die sich gegen ein männerdominiertes System stellten und meist in der Kunst und Politik ihren Ausdruck fanden. Die tradierten Geschlechterungleichheiten wurden mehrheitlich von Frauen und Männern nicht hinterfragt. Inge wird einem Redakteur auf die Frage, was ihr Erfolgsrezept sei, antworten: „Im Studio vergesse ich, dass ich eine Frau bin."

Nahm eine verheiratete Frau *nicht* den Namen ihres Mannes an, so war dies noch weit bis in die 1980er-Jahre ein Skandal. Die USA entpuppten sich als besonders erzkonservativ. Bill Clinton sollte 1980 von den Wählern abgestraft werden, als er die erneute Wahl zum Gouverneur von Arkansas verlor. Hillarys Beibehaltung ihres Namens Rodham sowie ihre Berufstätigkeit als Anwältin lösten in der Öffentlichkeit heftige Diskussionen im traditionellen Bundesstaat aus. Hillary würde sich danach in vielerlei Hinsicht dem System, der braven Ehefrau und Mutter mit entsprechendem Modestil anpassen. Und dennoch, keine polarisierte mehr als sie und dies bis zum heutigen Tag.

In Österreich würde Johanna Dohnal an der Geschlechterfront für mehr Frauenrechte kämpfen. 1990 wird sie zur ersten Frauenministerin Österreichs. Die SPÖ-Politikerin war Mitbegründerin des ersten Wiener Frauenhauses. Anfang der Neunzigerjahre wurden in Österreich elementare Frauenrechte wie die Beseitigung der Amtsvormundschaft bei ledigen Müttern, das Recht zur Betretungsverweigerung bei Gewalt in der Ehe und das gesetzliche Verbot der sexuellen Belästigung auf Initiative Dohnals gesetzlich festgeschrieben. Nicht immer erntete Dohnal Lob, es hagelte massiv Kritik, sogar aus den eigenen Reihen. Die SPÖ-Bezirksrätin und Psychoanalytikerin Rotraud A. Perner kritisierte

Dohnals Frauenpolitik in einem profil-Artikel: „Oder geht es Johanna Dohnal gar nicht um ein besseres Verständnis zwischen Mann und Frau, sondern darum, Männern Angst zu machen?"[27]

Im Medium Hörzu erscheint am 24. 4. 1986 ein kritischer Artikel von Theo Schäfer mit dem Titel „Genug Frauen im ORF?", worin er ganz offen die ungleiche Gender-Verteilung von Positionen im ORF anprangert. Dieter Böttger wird Inge eine Kopie davon zukommen lassen. Auf Schäfers Anfrage, warum es gerade mal eine einzige Regisseurin für Unterhaltungsserien, nämlich Inge Letz, gebe, dementiert der ORF, es gebe vier, das seien genug. Schäfer kontert: „Vier Damen sind also genug? Vier freie Mitarbeiterinnen, die (…) von ihren ORF-Gagen wahrscheinlich nicht einmal leben könnten, sind genug. (…) Ich weiß schon, was jetzt kommt: Die Frauen sind ja alle selber schuld. Niemand wird daran gehindert, Karriere zu machen. Die Besten setzen sich eben durch. Und das sind halt die Herren der Schöpfung. Das ist natürlich barer Unsinn."[28]

v.l.n.r. Inge Letz, Ingrid Wendl, Vera Russwurm

Das Klima änderte sich, langsam, aber doch. Das Format „Mona Lisa", das von 1988 bis 2017 als Gesellschaftsmagazin im ZDF lief und bei dem Inge Regie führte, behandelte anfänglich noch „weiche Themen" wie Kosmetik, entwickelte sich aber relativ rasch nach seinem Start in ein gesellschaftspolitisches Format. Gleichheit, Friede, Freiheit, sexuelle Befreiung, die Ehe als ein die Selbstbestimmung der Frau einengendes Korsett sowie Themen des emotionalen und sexuellen Missbrauchs wurden von Moderatorinnen erstmals aufgegriffen. Feministinnen, Intellektuelle und Künstlerinnen würden den Diskurs, teils auf radikale Art und Weise, wie die Österreicherinnen Valie Export oder Renate Bertlmann oder die international Aufsehen erregende serbische Performancekünstlerin Marina Abramović, in ihre Kunst transferieren und regelrecht sezieren. Für Ingeborg Bachmann war die Ehe eine „unmögliche Institution für Frauen", die einer Arbeit nachgehen.

Um welches Format, um welchen Sprach-, Medien- und Kunstkanal es sich auch handelte, Frauen in öffentlichen Positionen, Feministinnen, Künstlerinnen und Intellektuelle wollten ein Bild der Frau von der Frau entwickeln, das es bis dato noch nicht gab. Inges Geschichte selbst ist von einer zufälligen Karriere gezeichnet, die sie selbst nicht bewusst angestrebt hatte. Feministische Programme oder Rollenbilder waren in ihrem Bewusstsein nicht verankert, die heute großen Namen der feministischen Kämpferinnen blieben ihr in den Siebzigern und Achtzigern großteils unbekannt. So sagt sie auch heute noch überraschend kontroversiell: „Die primäre Aufgabe der Frau ist, sich um die Familie zu kümmern. Hätte ich Kinder gehabt, wäre es bei mir genauso gewesen." Wie verwirrend der Vorstoß einzelner Frauen in die Männerdomänen war, davon zeugen verschiedene Zeitungsartikel. Verblüfft waren männliche Journalisten, dass Frauen können, „was ein Mann kann".[29]

In der Berichterstattung über Inge spiegelt sich diese Haltung wider. Vielleicht, in einigen Jahren, doch sicher nicht schon morgen, wird die Gleichberechtigung alle Lebensbereiche durchdringen. Hoffentlich, denkt Inge. Die Zukunft ist weiblich, auch wenn wir noch weit davon entfernt sind.

Steter Tropfen höhlt den Stein. Rund 50 Jahre später, nach der ersten feministischen Bewegung, entflammen erneute und heftige Diskussionen um die Gleichstellung der Frau. Ungerechtigkeiten, wie in der Entlohnung, werden thematisiert, die gläserne Decke ist ungebrochen, Vereinbarkeit von Familie und Beruf nicht erreicht. Inge beobachtet und ist erstaunt, in welche Tiefe und Bereiche die gegenwärtige Gender-Diskussion reicht. Sie ist überzeugt, der Grundstein für Gleichberechtigung müsste schon in der Erziehung der Söhne liegen. Aggression und Gewalt nehmen zu, eine solche Gesellschaft wird nicht zulassen, dass Frauen gleichberechtigt sind. „Gleichberechtigung ist ein Menschenrecht", sagt Inge. „Wir haben ein Recht auf die halbe Erde", antwortet Käthe Kratz in einem profil-Interview.[30]

Die zunehmende Gewalt gegenüber Frauen trägt für Inge eine kulturelle Färbung. Männer, die nicht in der westlichen Kultur erzogen wurden, werden nicht einsehen, dass Frauen gleichwertig sind. „Wird sich das ändern?", fragt sie. Es komme auch auf die Mütter an, ist sie überzeugt, welches Gedankengut sie ihren Söhnen vermitteln. In dieser Gesellschaft gehen Werte verloren. Im Kochen liegt für Inge viel kulturelle und soziale Bedeutung verborgen. Dem Zubereiten der Nahrung für den anderen, für einen geliebten Menschen, liege Zuwendung, Nähe und menschliche Wärme zugrunde.

Kritisch durchleuchtet Inge das Bild der Stadt, das sich vor ihr ausbreitet. Die für Wien typischen „Würstelstände" haben sich von den einstigen Plätzen des ungezwungenen Zusammenkommens und Plauderns in beinahe „Fast-Food-Spots" verwandelt. Man hat es eilig, schnell wird hinuntergewürgt. Trägt das nicht zum Verfall einer Kultur des guten Benehmens, der Ästhetik bei?

Noch nie war das Angebot an Dingen, an Konsumgütern so groß, in jeder Preisklasse gibt es sie zu kaufen. Es wird produziert und produziert, das meiste hat ein Ablaufdatum und landet im Müll. Und dennoch geht man durch die Straßen und sieht, das Straßenbild hat sich unschön verändert. Für Inge bedauernswert. Auch die Fast Fashion drückt uns den Stempel auf. Im März 2020 nach Jahren des Überflusses, des ungebremsten technischen Fortschrittes, des Lebens mit der ungefilterten Kommunikation steht plötzlich Corona im Raum und verursacht einen „Cut" in unserem Film. Inge fragt sich, wird man daraus lernen, nämlich Wesentliches von Unwesentlichem zu trennen? Überschaubar zu leben und zu handeln? Die wahren Werte erkennen? Bedenken, dass jeder nur ein Leben hat und diese Kostbarkeit schätzen?

Immer wieder stellt sich ihr die Frage: Sind wir Frauen gescheitert? Inge ist sich nicht sicher, aber wahrscheinlich gebe es in keiner Ehe völlige Gleichberechtigung. Noch immer nicht. Wir scheitern an der Selbstverantwortung. Immer sei ein anderer schuld. Warum herrscht in unseren Breitengraden das Patriarchat, in indischen, afrikanischen und amerikanischen Urvölkern jedoch noch immer das Matriarchat, wie unter den Aschanti, den Juchiteken, den Aborigines oder den Apachen? 160 der weltweit erfassten gut 1.200 Ethnien dürften Matriarchate sein. Für Inge ist es die ewige Ausrede „Ich habe das nicht erreicht, weil … Ich habe das nicht getan, weil …", die zum Stillstand führt. Selbstverantwortung wird zum Sicherheitsschlüssel. Die Sicherheit, sich weiterzuentwickeln, sein Glück zu gestalten. Immanuel Kant sprach von der Aufklärung als Ausgang des Menschen aus seiner selbstverschuldeten Unmündigkeit. Inge hat nach ihren persönlichen Enttäuschungen begriffen, wie wichtig dies ist.

Sie wundert sich. Bei Betrachtung der Lifestyle-Apps und Magazine, die uns vorschreiben, wie wir unser Leben gestalten sollen, müssen wir uns fragen, ob unsere Gesellschaft sich etwa wieder in das Zeitalter der Unmündigkeit zurückbewegt. Vielleicht auch in das bequeme und vorherrschende System der Ungleichheit, in der Frauen und ihre Leistungen vorwiegend unsichtbar bleiben? Im März 2020 sollten die Frauen wieder ruckartig in die 1950er-Jahre katapultiert werden, als das Coronavirus SARS-CoV-2 die ganze Welt lahmlegt. Über Nacht wurden sie wieder zu alleinigen „Systemerhalterinnen" wie schon ihre Großmütter im Krieg und in der Nachkriegszeit. Unsere hochindustrialisierten und globalisierten Welten holten rasch die traditionellen Rollen aus der Schublade. Das Biedermeier zog in unsere vier Wände ein. Viele Frauen buken Brot, kochten jedes Essen selbst zu Hause, beaufsichtigten die Kinder, achteten auf ihre Hausaufgaben, erledigten die Hausarbeit und ihre Jobs im Homeoffice. Als das System wieder hochfuhr, war rasch vergessen, dass sie es gewesen waren, denen eine systemerhaltende Rolle zukam. Sie arbeiten weiter für geringen Lohn an den Supermarktkassen, pflegen Alte und Kranke. Die Welt ist wieder ganz die alte. Obwohl die Welt noch nie so sicher wie heute war, ist die Verunsicherung dennoch so riesengroß – zwischen Klimakatastrophe, Flüchtlingskrisen, MeToo-Debatten und Genderfluidität. Die Sehnsucht nach der alten Ordnung wächst. Nach einer Welt, die einfachen Regeln folgt und klare Rollen vergibt: Ein Mann ist ein Mann, eine Frau ist eine Frau, eine Diagnose, wie sie gerne die österreichische Philosophin Lisz Hirn über unsere Gesellschaft erstellt. Simone de Beauvoir sagte dazu nur: „Man kommt nicht als Frau zur Welt, sondern wird es."

Vielleicht haben die Differenzfeministinnen, wie Luisa Muraro oder Antje Schrupp, Recht. Sie betonen Unterschiede zwischen den Geschlechtern und kämpfen für eine Gesellschaft, die sich nicht an männlichen Normen orientiert. Das ist Inge sympathisch, aber die einzige Lösung ist auch diese nicht. Die vormals abgewertete Weiblichkeit wird wieder positiv besetzt. Typisch weibliche Eigenschaften werden vor allem plötzlich wieder von Unternehmen gesucht. Teamfähigkeit, Empathie und Harmonie wird den Frauen zugeschrieben. Weibliche Lebenswelten sollten mehr berücksichtigt werden, Kinder und pflegebedürftige Angehörige nicht den Karriereknick bedeuten. Erstaunlich, die Bewegung entstand schon in den 1970er- und 1980er-Jahren, wurde vergessen und gegenwärtig wieder hervorgeholt. Sie erlaubt Frauen, sie selbst zu sein und das zu tun, was sie tun möchten. Frei nach ihren Talenten, Bedürfnissen und Träumen. Inge hat früher nie nachgedacht, was Frausein in dieser Welt bedeutet. Sie will es auch jetzt nicht. Das Philosophieren strengt sie in ihrem Alter oft zu sehr an. Es geht ihr zu Herzen. Sie hat ihr Leben einfach immer selbst in die Hand genommen, an das „Glück in ihr selbst" geglaubt.

DIE KARRIERE

Eine Frau am Regiepult? Inge war die erste Regisseurin von Live-Fernsehunterhaltungsshows im deutschsprachigen Raum. Mit „Dalli Dalli" war sie auf dem Höhepunkt ihrer Karriere. Viele noch heute bekannte und berühmte Künstlerinnen und Künstler traten damals auf, für unbekanntere war es meist das Sprungbrett. Einer der Gäste bei „Tritsch Tratsch" war Curd Jürgens. Es war nicht ganz einfach, erinnert sich Inge. Wenn er eine Frage nicht beantworten wollte, musste der Moderator Joki Kirschner schnell zur nächsten übergehen. Stargäste kamen erst am Sendungstag und nicht am Tag davor zur Probe. Die Fragen waren im Groben vorbereitet, aber wie sich dann das Interview gestaltete, blieb offen und großes Risiko zugleich. Joki Kirschner war als „Wadlbeißer" bekannt, der gerne provokante Fragen stellte. Fingerspitzengefühl war angesagt.

Liveshows waren wie „Russisch Roulette", mit spontanen Launen, den emotionalen Empfindlichkeiten der Stars und den unvorhersehbaren Pannen der Technik. Deshalb wollten Frauen prinzipiell nicht den Regiejob übernehmen. Er war eine absolute Männerdomäne, für Männer mit einer dicken Haut, die großem Druck während der Live-Übertragung standhalten konnten. Es konnte sekündlich etwas Unerwartetes geschehen, man musste rasch reagieren und einen kühlen Kopf bewahren. Das war eine von Inges großen Stärken. Gelassenheit zu signalisieren, auch wenn das Blut brodelte. 1986 endete „Dalli Dalli". Hans Rosenthal starb 1987. Hans verkörperte die Seele der Show, *er* war die Show. Sie war seine Idee.

Und Inge hatte ihren Mentor und Freund verloren, er war für immer gegangen. Sie erinnert sich: „Hans war ein liebenswerter und bescheidener Mensch." Er habe mal gesagt, die Herzen würden ihm nicht zufliegen. Die Menschenmenge bei seinem Begräbnis hat gezeigt, dass er sich gewaltig irrte. Er war einer der beliebtesten Fernsehmoderatoren. 1973 erhielt er den „Bambi". 1979 die „Silberne Kamera" für den zweitbeliebtesten deutschen TV-Star aller Zeiten.

Für Rosenthal waren die Auszeichnungen weniger Balsam für die Eitelkeit, sondern Ermutigung weiterzumachen. Über die Arbeit im Fernsehen sagte er, nichts sei zerstörerischer für den Erfolg als der Neid, die Intrigen und das eifersüchtige Drängen in den Vordergrund und all das würde man nirgendwo häufiger antreffen als in dieser Branche. Bei „Dalli Dalli" gebe es das einfach nicht, sagte Rosenthal. Er war auch der erste große Showmaster, der Frauen in seinem Team gezielt förderte. Über die Unterhaltung meinte er: „Ich unterhalte Millionen und gebe ihnen dabei ein Gefühl für Gemeinsamkeit. Ich versuche zu zeigen, wie der Wettkampf, der die Menschen in Politik und Arbeitswelt allzu leicht den Humor verlieren lässt, ein friedlicher Wettkampf sein kann, bei dem nicht nur der Gewinner gewinnt, sondern auch der gute Verlierer." (Interview Bunte, 1987)

Rosenthal war von seinem persönlichen Schicksal geprägt. Er war Jude und hatte alle seine Angehörigen in der Schoa verloren. Er selbst war im Nazi-Lager Jessen interniert, zuvor war es ein jüdisches Ausbildungslager, das später von den Nazis verboten wurde, sein Lieblingslied war dort: „Ich hab' eine kleine Philosophie, ich nehm' das Leben leicht, ich ärgere mich nie. Ich nehm' das Leben leicht, soviel ich nur kann – und was ich denke, das geht niemand was an!" (Aus Rosenthals Autobiografie „Zwei Leben in Deutschland", Bastei Lübbe Verlag.) Von den Nationalsozialisten wurde er zur Zwangsarbeit verpflichtet, unter anderem arbeitete er als Totengräber. Später tauchte er in einer Berliner Kleingartenanlage unter und überlebte bis zum Kriegsende. Was Inge von ihm lernte: „Schenk den Menschen ein Lächeln, dann schenken sie dir eines zurück."

Alles wird gut, war Inges Mantra, daran muss man fest glauben, wenn gerade die Katastrophen hereinbrechen, auch das hatte Inge früh im Fernsehbusiness gelernt. Nerven bewahren und weitermachen. Unterkriegen hat einen anderen Namen.

In den 1980er-Jahren wurde Inge auch von Filmproduktionsfirmen engagiert, für Firmenveranstaltungen und Multimedia-Shows wie von General Motors zur Präsentation des Omega 3. Vom technischen Können von heute war man damals meilenweit entfernt. Hunderte von Dias wurden zusammengestellt und projiziert. Kein Dia durfte falsch eingereiht sein.

In der Nacht vor einer Show wurden alle Dias nochmals überprüft. Die dunklen Schatten unter den Augen waren am Tag darauf nicht zu übersehen. Schlimm war, wenn die Manager am nächsten Tag kamen und die Reihenfolge der Dias auf den Kopf stellten. Dann fing alles von vorn an. Das nahm man hin, es war ein Job zu erledigen.

Die Arbeit und die Vorbereitung der Unterhaltungsshows waren ebenfalls aufwendig und liefen über das ganze Jahr. Kaum war eine Sendung zu Ende, wurde bereits an der nächsten gefeilt. Für die viertägigen Klausurtagungen fuhren sie an Orte, wo es sonst nichts gab – außer Natur und nochmals Natur, im tiefsten Bayern oder in der Lüneburger Heide, überall nur Heidekraut. „Damit uns ja nichts ablenke", erinnert sich Inge, „aber wir waren schlau. Wir haben uns Champagner und Kaviar eingepackt und heimlich, wenn Hans es nicht bemerkte, gefeiert."

Für die Plattenindustrie waren die Shows ein Festmahl. Sie konnten ihre neuen Songs einer breiten Öffentlichkeit vorstellen und an den Musikrechten mit den Play-backs eine goldene Nase verdienen.

Was heute unvorstellbar scheint, lief damals aufwendig über den Postweg: Tonbänder wurden hin und her geschickt. Inge war Dauergast am Postamt. „Diese ‚Schmuddel-Play-backs' waren nicht abgemischt. Das heißt, man nimmt jedes Instrument auf eine Spur auf, die Stimme extra. Verzögerungen, Überlappungen von Stimme und Musik, verschiedene Höhen. All das war der Job des Tontechnikers, oftmals in Abstimmung mit dem Regisseur."

Meistens hat Inge für das ZDF in Köln ein Tonstudio aufgesucht. Etwas Peinliches, das ihr bis heute in Erinnerung blieb und nicht passieren hätte dürfen, geschah. Sie hatte zur Vorbereitung das Tonband eines Sängers mit einer unglaublichen Samtstimme erhalten. Aber ohne Cover. „Ich stellte mir einen dunkellockigen, mit Schmachtblick ausgestatteten Italiener vor. Am Tag der Probe erwarteten mich bereits der Künstler und sein Manager. Der eine mein Traummann, der andere alles andere als ein ‚Samtitaliener'. Ich ging auf die beiden zu und sagte: ‚Darf ich mich vorstellen – Inge Letz.'" Ersterer blickte Inge schmunzelnd ins Gesicht und antwortete: „Freut mich, ich bin der Manager." In Bruchteilen von Sekunden stürzte das gesamte Kamerakonzept in Inges Kopf zusammen. Das Herz schlug ihr bis zu den Ohren. Trotz all dem hatte Inge den Mann mit der unglaublichen Stimme zu präsentieren. Ein Flügel musste her, eine andere Lichteinstellung und so rettete sie sich über Totalen und Notenblätter.

Der Karriereweg verläuft nicht selbstverständlich und geplant von Regieassistenten zu gefeierten Regisseuren. Aber auch die Regieassistenz ist mit Lorbeeren versehen. Gisela Sippel war eine hervorragende rechte Hand und sicherlich für Inge die beste Assistentin, die sie jemals hatte.

30 Minuten wurden den Film- und Fernsehleuten als Mittagspause zugestanden. Inge ging nie in die Kantine. Lieber saß sie in der Garderobe und aß ihr Wurstsemmerl oder das, was Gisela ihr aus der Kantine besorgt hatte. Das Wurstsemmerl war

ihr ständiger Begleiter geblieben – in den Anfängen als Komparsin, später als Assistentin am Set und oft in ihrer Garderobe als Regisseurin. In klassischer Wiener Manier, mit einer Extrawurst und einem Gurkerl zwischen den beiden Weißmehlsemmelhälften. Vielleicht hat sie deshalb Magenprobleme entwickelt. Vielleicht, weil sie sich nie die Zeit zum Essen nahm. Stress legt sich auf den Magen, der Ärger zieht das Innere zusammen. Die Tage waren lang, die Nächte kurz. Schlafmangel war ihr zweiter Begleiter. Ob sie wieder diesen Beruf ergreifen würde? Darüber hat Inge nie nachgedacht. Sie hat einfach gearbeitet, ihr Bestes gegeben.

Die Arbeit mit Rosenthal hat Inge am meisten herausgefordert und Spaß gemacht. Die Jobs forderten zu jeder Tages- und Nachtzeit ihre ganze Aufmerksamkeit, sie musste die Kameraeinstellungen, die Lichtgestaltung und Tonzuspielungen festlegen und einen lückenlosen Ablauf konzipieren.

Es war eine Männerwelt. Ekkehard Böhmer hat vor ihr nie mit Frauen gearbeitet, wie er ihr einmal sagte. Der Grund: „Weil ich ihnen nicht in den Arsch treten kann." Das stand auch 1981 in der Bella[31], als Inge darüber mit dem Redakteur sprach. Inge erinnert sich. Rosen haben ihr die Journalisten und viel später erst Kamerakollegen gestreut. Neid und Eifersucht der Menschen ändern sich nie. Böhmer sagte ihr zum Abschied, als sie bei ihm aufhörte: „In den Arsch treten musste ich Sie nie."

Ab da duzten sie sich. Es war für Inge das schönste Kompliment. Fünf Jahre war Inge als Regieassistentin an seiner Seite gewesen.

In einer der Stellproben einer „Tritsch Tratsch"-Sendung, bei der sie bereits Regie führte, wurde es im Studio ganz still. Die Mannschaft erstarrte und als sich Inge umdrehte, stand Böhmer vor ihr. „Ich muss doch schauen, was die Kleene so macht." Es war Dieter Böttger, der Böhmer ins Studio eingeladen hatte. Böhmer war mit seinem Team für die Sendung „Einer wird gewinnen" (abgekürzt EWG) mit Hans-Joachim Kulenkampff als Moderator nach Wien gekommen, um Kandidaten zu casten. Für Böttger war Böhmer einer der besten Regisseure, die es damals gab, und der beste Lehrmeister, den Inge haben konnte. Böhmer war ihr Mentor und wahrscheinlich mächtig stolz auf sie, auch wenn er es nie explizit sagte.

Als Frau musste sie in der Regie immer mehr Leistung als ihre männlichen Kollegen erbringen. Vom Team wurde sie sehr geschätzt und „auf Händen getragen", erzählt Dieter Böttger. Machtkämpfe, politisch motiviert, gab es nur in der obersten Etage. In der Produktion arbeiteten sie im Team. Für Böttger spielte „Mann" oder „Frau" keine Rolle, auch die politische Gesinnung nicht. Nur die Leistung zählte. Nach jeder Sendung sagte Böttger zum Team: „Unsere nächste Sendung muss besser werden."

Inge erinnert sich, dass sie in ihren Anfängen auch ihre liebe Not mit den Lichttechnikern hatte. Deren Lieblingssatz war: „Das geht nicht." Inge ist nach Deutschland, nach Hamburg gereist, um ein Lichttechnik-Seminar zu absolvieren. Auf den Satz der Techniker „Das geht nicht" antwortete sie von da an: „Wie? Bei mir geht's schon. Können *Sie* es nicht?"

Für eine „Tritsch Tratsch"-Sendung schlich sie sich in den Raum, wo der Planschrank stand. Das ist die Halle des heiligen Grals. Niemand darf hier hinein, ausschließlich die Lichttechniker selbst. Man hätte sie dabei nicht erwischen dürfen. Sie holte die Lichtpläne heraus, studierte sie wie ein Stück eines geheimen Aktes, und konfrontierte dann den Lichttechniker, der zuvor behauptet hatte, eine bestimmte Einstellung würde nicht gehen: „Wenn ich *Sie* wäre, würde ich da und dort zusätzlich ‚Topferln' hängen." Das traf den Lichttechniker wie ein Blitz, beinahe fiel er aus dem Stuhl. „Machen Sie sich keine Gedanken, Frau Letz, wir besorgen Scheinwerfer." Und im Handumdrehen waren diese aus dem Nachbarstudio „ausgeliehen".

Der Fernsehdirektor ist mit Abstand der Mächtigste beim Fernsehen. Helmut Zilk, der spätere Bürgermeister Wiens, verfolgte die Shows stets über Kontrollmonitore. Harald Windisch und Dieter Böttger, waren ebenfalls Unterhaltungschefs, mit denen Inge zusammenarbeitete. Und gab es Skandale? Kaum, nicht dass sich Inge daran erinnert, eher nervenaufreibende Situationen.

Vor jeder Live-Sendung musste Inge mit der Zentrale in Mainz Kontakt aufnehmen, um die Signation, die Titelmelodie nach den Worten „Wir wünschen Ihnen gute Unterhaltung", abzurufen. Vor der ARD-Sendung „Glücksspirale" zeigte man in den Nachrichten eine Flugshow. Und plötzlich, wie aus dem Nichts, stürzte ein Flugzeug in die zusehende Menschenmenge. Inge kann noch heute das Unaussprechliche nicht erzählen.

MENSCHLICHE DRAMEN

Derer gibt es viele. Solche Tragödien prägten sich in Inges Bewusstsein ein. Man vergisst sie nie. Was hätte Inge auch tun sollen?

Künstler hatten es nie leicht. Damals wie auch heute nicht. Gier gesellt sich zu Eifersucht und Neid. Manche wurden von ihren Managern betrogen.

Diese Tragödien fanden niemals ihren Weg in die Medien. Viele der Künstler sind später, wenn sie älter werden, mittellos. Sie gehen in Seniorenresidenzen, wie das Künstlerheim in Baden bei Wien, das auch von Banken und Firmen gemeinnützig unterstützt wird, und geraten in Vergessenheit. Der einstige Glanz verblasst. Ob sie noch Kontakt zu bekannten Künstlern hat? Viele sind schon verstorben, wie auch Kammerschauspielerin Professor Elfriede Ott, wie sie Inge betitelt, die bis zu ihrem Tod ein Stockwerk über ihr wohnte.

Die Innenstadt war von jeher beliebte Wohnadresse der Kunstschaffenden und Intellektuellen. André Heller würde 1972 nach der Trennung von Erika Pluhar in die Sonnenfelsgasse in das Haus einziehen, in dem schon der Maler Hubert Aratym und der Pianist Hans Kann residierten. Ingeborg Bachmann, die Inge bei der ORF-Sendung „Welt des Buches" als Studiogast Anfang der 70er-Jahre kennenlernte – Inge war noch in den Anfängen ihrer Regieassistenzlaufbahn –, überlegte es sich kurzerhand jedoch anders und bevorzugte doch Italien. „Sie war damenhaft, diszipliniert und folgte allen meinen Anweisungen. Viele männliche Kollegen haben auf Details dieser Art oft gar nicht geachtet." Obgleich die Bachmann keine klassische Schönheit war, so fand Inge sie doch sehr, sehr interessant, nicht divenhaft, wie ihr oft nachgesagt wurde, sondern angenehm und durch und durch professionell.

Inge hatte das Glück, vielen Künstlern beruflich wie auch privat zu begegnen. Sie erinnert sich an den 2019 verstorbenen Gustav Peichl, den berühmten österreichischen Architekten und Karikaturisten, den sie in der ORF-Sendung „Jahresrückblick" betreute. Peichl zeichnete unter dem Pseudonym Ironimus politische Karikaturen, erstmals 1954, für die Tageszeitung Die Presse. Humor ist oft das einzige Mittel, um die Krankheiten dieser Welt zu verschmerzen.

In dasselbe Horn blies auch Elfriede Ott, die in den 1970er-Jahren vor allem über ihre Komödien, die sie im Theater in der Josefstadt spielte, bekannt wurde. Ihr Lebensgefährte und späterer Ehemann Hans Weigel, sie heirateten nur wenige Monate vor seinem Tode, war ein gefürchteter Literatur- und Theaterkritiker. Solange Inge die Ott kannte, kannte sie auch Fritzi.

FRITZI

Elfriede Gubik, kurz Fritzi genannt, ist Elfriede Otts Lebensmensch, ihr Alter Ego, ihre Freundin, Köchin und Assistentin. Fritzi trat schon in sehr jungen Jahren in Elfriede Otts Leben. Bis zu ihrem Tod im Juni 2019 würde sie die große Volksschauspielerin begleiten, ihr Sekretariat und ihren Haushalt führen, unter einem Dach mit ihr leben und sich um alles kümmern, um der Künstlerin Raum und Zeit für ihre eigentliche Bestimmung, die Schauspielerei, zu geben. „Einer so viel beschäftigten Schauspielerin, wie es die Ott war, muss man sagen, wann sie sich rechtzeitig anziehen muss, um bei einem Termin zu sein", erzählt Inge. Fritzi verehrte die Ott schon als Kind. Das Kostbarste, das sie in den Nachkriegsjahren in ihrer Volksschulzeit besaß, war ein kleines Heft, in dem sie alle Fotos aus Zeitungsartikeln oder Magazinen von der großen Schauspielerin ausschnitt und einklebte. Was für Fritzi die Ott war, war für ihre Klassenkameradinnen Marianne Schönauer, die zu jener Zeit fulminante Erfolge an der Burg feierte.

Die Generationen von damals und heute unterscheiden sich in der Verehrung ihrer Idole kaum – nicht nur Hefte werden beklebt, Schreibtische oder Kleiderschränke und Wände müssen herhalten. Für Inge waren es weniger österreichische Schauspielerinnen, die zum Objekt von Träumen und Sehnsüchten wurden, sondern vielmehr Brigitte Bardot und O. W. Fischer, deren Fotos, die an der Innenseite ihres Kleiderschrankes klebten, sie vor dem Schlafengehen ein paar liebevolle Worte zuflüsterte.

Fritzi war mit sieben Jahren, kurz vor Ende des Krieges 1945, als Wien am schlimmsten bombardiert wurde, mit ihrer Mutter und Schwester in die tschechische Stadt Josnawitz bei Znaim geflüchtet. Ihr Vater stammte aus dem Sudetenland und wurde in Russland gefangen genommen. Von Josnawitz wurden sie nach Kriegsende erneut vertrieben und kehrten nach Wien, woher ihre Mutter stammte, zurück. Fritzi sollte die erste Volksschulklasse wiederholen. Davor rettete sie ein einfacher Rechentest: „Wie viel ist denn fünf und sechs?", fragte die Direktorin. Blitzschnell antwortete Fritzi korrekt. Diese Zahl würde immer wieder auf magische Art und Weise Ereignisse in ihrer Lebensgeschichte und jener anderer bestimmen. Es war die Glückszahl Elfriede Otts und eigenartigerweise auch die Hausnummer ihrer Wohnung in der Inneren Stadt. Vielleicht war es aber auch die Aura des Hauses selbst, welche die Schicksale ihrer Bewohner beeinflusste. So erscheint diese magische Zahl stets auf dem Display der Wasch- oder Geschirrspülmaschine, wann immer sie nachsieht, wie lange der Waschprozess noch dauert. Nur beim Lottospiel hatte ihnen die Zahl noch kein Glück gebracht.

Mit 12 Jahren hatte Fritzi die Efi, wie sie von Freunden genannt wurde, das erste Mal 1950 in der Rolle der Sissi in der Josefstadt auf der Bühne gesehen. Die Musik stammte von Georg Franz Kreisler, einem österreichischen Komponisten, der aufgrund seiner jüdischen Abstammung 1938 in die USA emigrierte und 1955 wieder zurückkehrte. Dass Fritzi ins Theater gehen konnte, hatte sie ihrer Volksschullehrerin zu verdanken. Sie hatte einer Klassenkameradin geholfen und mit ihr gelernt, um ihre Note im Fach Deutsch zu verbessern. Das fiel der Lehrerin auf. „Ich habe noch zwei Theaterkarten übrig. Die bekommt ihr von mir geschenkt, weil ihr so brav gelernt habt." Es waren schlechte Plätze in der neunten Loge ganz hinten im damaligen Stadttheater in der Skodagasse im 8. Bezirk. Das trübte die Freude und Begeisterung, welche die beiden Mädchen erleben durften, keineswegs. Der Applaus wollte und wollte nicht enden. Immer wieder musste die Ott vor den Vorhang treten und sich verbeugen.

Fritzi musste ein Autogramm von der Ott haben. Aber wie schreibt man einer so großen Schauspielerin? Ihre Schwester musste helfen, die darin geübt war, die richtigen Worte zu finden. Ein Jahr verging. Keine Post kam. Fritzis Vater kommentierte: „Wärst a hübscher Bub, hättest scho was kriegt." Und dann endlich flatterte der ersehnte Umschlag ins Haus. Fritzi konnte ihr Glück gar nicht fassen. Aus einem Karton schnitt sie einen Pfeil aus, bemalte ihn mit roten Strichen und befestigte ihn an der Decke oberhalb des Küchentisches, wo sie das Autogramm von der Ott platzierte. Ihr Vater sollte sehen, dass sich letztendlich das Warten gelohnt hatte. Das Autogramm würde sie dann zu Zeitungsausschnitten, die sie zur Verehrung der Ott gesammelt hatte, auf ihrer Psyche (Schminktisch) im Schlafzimmer aufstellen. An diesem Tag blickte sie in den Spiegel. Sie wollte wissen, „wie ein glücklicher Mensch aussieht".

In der Schulklasse, erinnert sich Fritzi, war ein heftiger Streit zwischen den Mädchen ausgebrochen. Die eine Hälfte verehrte die Ott, die andere die Schönauer. Eine Schulkameradin bat Fritzi, mit ihr zu kommen, wenn sie die Schönauer zu Hause aufsuchte, um ein zweites Autogramm von ihr zu erfragen. Allein traute sie sich nicht hin. Sie kannte die Adresse Schönauers von einer Tante, die wiederum wusste sie von einem Polizisten. Und so suchten die beiden Mädchen eines Nachmittags Marianne Schönauer in ihrer Wohnung auf, die ganz entzückt von dem Besuch war. Umgekehrt bat nun Fritzi ihre Kameradin um denselben Gefallen. Elfriede Otts Adresse fanden sie im Telefonbuch. Fritzi erinnerte sich, wie sie ganz außer Atem die vier Stockwerke hinaufliefen, es öffnete eine Freundin Efis, die sie über den langen Balkongang in das große Wohnzimmer führte, wo die Ott mit einem Langhaardackel auf dem Schoß saß. Acht Welpen schwänzelten um sie herum. Es war Weihnachten und ein wunderschöner Christbaum stand im Raum, übervoll von oben bis unten mit Windbäckerei behängt. „Wollt ihr was vom Christbaum?" Das ließen sich die Mädchen nicht zweimal sagen. Sie teilten es gerecht auf, von der Windbäckerei ihrer Freundin war am Ende der Stufen, die sie wieder zur Straße hinunterführten, kein Krümchen mehr übrig. Fritzi hütete die Süßigkeiten jedoch wie einen Schatz.

Nach dem Besuch bei der Ott würde Fritzi jede Nacht davon träumen, wie sie aus ihrem Zimmer in der Wohnung ihrer Eltern in der Hasnerstraße im 16. Bezirk hinausflog und bei einem der Fenster der Wohnung Efis am Michaelerplatz hineinflog. Das Gefühl „dort gehöre ich hin" ging nicht mehr weg. In all den folgenden Jahren würde Fritzi die Ott mehrmals in ihrer Wohnung in der Inneren Stadt besuchen. Einmal, erinnert sie sich, kam sie zu Elfriede Ott zu Besuch, als gerade auch der österreichische Schauspieler und Kabarettist Ernst Waldbrunn, Elfriede Otts erster Ehemann, dort war. Als Efi in die Küche ging, um der kleinen Fritzi einen Kakao zuzubereiten, wusste der nicht, wie er die Minuten des Wartens mit einer Unterhaltung überbrücken konnte. „Wann bist du denn geboren, Fritzi?" Am 14. August 1938 – es war derselbe Tag im selben Monat, an dem auch Waldbrunns Geburtstag war. Der Kakao blieb in der Küche stehen, anstelle dessen wurde die Sektflasche geöffnet. Es war der erste Schluck Sekt für Fritzi. Wie so viel anderes damals. Viele Jahre später, als Teenager, würde sie ihre erste Banane und ihr erstes Huhn essen.

Dieses Erlebnis, eine Banane zu essen, verbindet sie mit Inge, die als Volksschulkind mit sieben Jahren für drei Monate nach Holland zu einem evangelischen Pastor und seiner Frau geschickt wurde, um sich „ein wenig Fleisch an den Rippen anzuessen". Dort hat sie auch Radfahren gelernt und ihre erste Ribiselsuppe aufgetischt bekommen, nach der ihr furchtbar schlecht wurde.

In den Nachkriegsjahren versuchte man, so gut wie möglich, die Kinder das traumatisch Erlebte vergessen zu lassen. Für Fritzi war dies nicht einfach. Sie war ein Flüchtlingskind ohne österreichischen Pass, in Sudetendeutschland geboren. Als ihre Schulklasse einmal eine Klassenfahrt nach Salzburg unternehmen sollte, konnte sie beinahe nicht mitkommen, bis ihr findiger Religionslehrer die Papiere fälschte. Sie war damals 14.

Je älter sie wurde, desto mehr fiel ihr auf, dass Elfriede Otts Mutter mit dem Alltag und dem Haushalt überlastet war. Sie dachte sich: „Wie schön das doch wäre, wenn ich helfen könnte." Bevor sich ihr Schicksal mit dem von Elfriede Ott verband, erlernte sie noch die Modisterei in der Berufsschule am Hof, wo auch Inges Mutter zur Schule ging. Die Abschlussprüfung absolvierte sie mit Auszeichnung, „ohne eine Ahnung zu haben, wie man einen Hut macht". Das Handwerkliche lag ihr, das Designen nicht. Eine Zeitlang arbeitete Fritzi in dem schönen Modesalon von Grete Wessely vis-à-vis der Oper in der Elisabethstraße im Heinrichshof. Die Oper wurde in diesem Jahr, das war 1955, wiedereröffnet. Fritzi erinnert sich noch zu gut an den Schutthaufen, der lange vor der Oper auf der Ringstraße lag.

Dann kam ihr die Idee, eine Kochschule zu besuchen, um im Haushalt der Otts mithelfen zu können. „Selbst konnte ja die Efi nicht kochen. Als ich sie wieder einmal als junges Mädchen besuchte, wollte Efi gefüllte Paprika zubereiten. Kein einziger Topf in der Küche blieb unangepatzt und es gab damals noch keine Geschirrspülmaschine." Fritzi hat nie geheiratet. Einmal war sie schrecklich verliebt. Sie war mit der Efi auf ihrer Soloprogramm-Tournee unterwegs und sollte ihr Auto von Zürich nach Wien bringen. Dazu wurde der ÖAMTC, der Österreichische Automobil-, Motorrad- und Touring Club, gerufen. Als der Fahrer sie sah, rief er erstaunt aus: „Und mir hat man gesagt, ich soll die alte Garderobiere von der Ott nach Wien fahren." Da war es um beide geschehen. Für Männer war jedoch nie wirklich Platz in Fritzis Leben.

Besonders glanzvoll waren die Weihnachtsfeste in Elfriede Otts Wohnung in der Inneren Stadt. In Inges Augen hatte Fritzi immer die schönsten Christbäume, die sie am Graben kaufte, dekoriert. Über und über glitzerte der Baum von den silbernen und goldenen Kugeln, die sie von einer Nachbarin, der „Narrischen Gustl", wie Fritzi und die Ott sie nannten, geschenkt bekam, als diese auszog. Am Nachmittag des 24. Dezember, wenn Inge rauf in die Ott-Wohnung ging, stand der Sekt schon auf dem großen Tisch im Wohnzimmer bereit und die Kerzen brannten. Lotte Ingrisch, die österreichische Schriftstellerin und Frau des berühmten Komponisten Gottfried von Einem, kam mit Beppi Fröhlich oft zum Fest. Inge würde als Geschenk von Jahr zu Jahr einen weiteren Christbaumschmuck mitbringen. Einmal waren es aber auch Tischsets aus feinem Stoff in Elfriede Otts Lieblingsfarbe Rot von der Schwäbischen Jungfrau am Graben. Zur Tradition wurde auch bald, dass Inge den panierten Karpfen zubereitete und Fritzi für den Erdäpfelsalat zuständig war.

Wenn es ums Dekorieren und Einrichten ging, hatte Fritzi immer ein besonders geschicktes Händchen. Sie wusste, wo und wie zum Beispiel ein Stuhl am besten platziert gehört. Die Wohnung in der Stadt war eine ausgesprochene Künstlerwohnung. Über die Jahre war sie an Dingen gewachsen. Altes wurde mit Neuem kombiniert, nichts durfte aus einer Epoche allein stammen, sonst „speibe ich", würde die Ott laut zu Fritzi sagen. Bücher und Plakate schmückten die Wände.

Von der Geschichte des ungewöhnlichen Lebensmenschpaares erzählt auch das Haus in Maria Enzersdorf, wofür die Ott 1971 das Grundstück erwarb, auf dem das Fertigteilhaus errichtet wurde, in dem Fritzi nach dem Tod Elfriede Otts nun alleine wohnt und das sie liebevoll „Alm" nannten, da es oben am Hang steht. Eine hochgewachsene Platane und verschiedene Nadelbäume spenden Schatten, zwischen ihnen lassen sich die gegenüberliegenden Weinberge erkennen. Drei bodentiefe Eckfenster, auf denen Fritzi beim Bau bestanden hatte, geben den Blick in das Gartenkleinod frei. Ein Tannenbaum, der davorstand, musste weichen. Er war einst ein Geschenk der Fürstin Gina von Liechtenstein gewesen. Ein weiteres Haus, in dem sie mit Efi und Hans

Weigel zusammenwohnte, steht unterhalb und wurde mittlerweile verkauft. Fritzi erinnert sich an die schönen Stunden, die Elfriede Ott, Hans Weigel und sie hier gemeinsam mit vielen Künstlerfreunden verbracht hatten. Fritz Muliar kam oft, Rudolf Buchbinder ebenfalls, einmal sogar mit einem verbundenen Finger, den er sich beim Einschlagen eines Nagels verletzt hatte.

Besonders die gemeinsame Blödelsprache von Weigel, Ott und Fritzi war Auslöser vieler Lacher. „Gib mir doch das Bumsti", hieß es da. Mit Bumsti war „Dingsda" gemeint, das konnte somit alles sein, von dem einem gerade in diesem Moment die Bezeichnung nicht einfiel. Der Muliar wurde mit „Putzi" gerufen und Elfriede Otts späterer Ziehsohn Goran David, ein einstiger Schauspielschüler, Leiter der von Elfriede Ott gegründeten Schauspielschule und bis zu ihrer Einstellung Co-Intendant der Nestroy-Festspiele, war einfach das „Burli". Hans war das „Weigili" und Fritzi das „Fritzili", dann sind sie zum „Raiffeisli" und zum „Postili" gefahren.

Plakate, Bücher und die von Elfriede Ott gemalten Katzenbilder erzählen von den vergangenen Jahren. Sie war eine fanatische Tierliebhaberin, eine Gemeinsamkeit, die sie mit Fritzi verband. Über die Jahre würden sie Katzen und Hunde aus dem Tierheim retten und ihnen ein neues Zuhause geben. In der „Alm" hat jedes Tier sein eigenes Polsterl. Nur ein einziges Porträt hatte Efi von Hans Weigel gemalt, es hängt hier im Stiegenaufgang.

Nach dem Tod Weigels 1991 konnte Elfriede Ott in dem Haus in Maria Enzersdorf, das sie während der von ihr bespielten Nestroy-Festspiele auf der Burg Liechtenstein bewohnten, nicht mehr ertragen. Die Erinnerungen waren für sie zur Last geworden. Sie und Fritzi zogen zurück in die Innere Stadt.

Als Inge die Tür zu ihrer neu bezogenen Wohnung unterhalb von Efi aufsperrte, es war das Jahr 1995, lag am Boden ein Kuvert, darin eine Karte und darauf gemalt eine Katze, darunter stand geschrieben „Herzlich willkommen".

Mit Elfriede Ott verband Inge eine lange und ehrliche Freundschaft. Sie musste der Grande Dame des Theaters nicht schmeicheln und sagte ihr unverblümt, wenn etwas nicht ihre Zustimmung fand. Die Offenheit zwischen den beiden machte auch die Qualität ihrer Freundschaft aus.

Die Ott schätzte Inge als Mensch und Regisseurin sehr. Für eineinhalb Jahre würde sie im Jahr 2000 Inge ans Konservatorium holen, wo sie die Studierenden im Fach „Film und Fernsehen" unterrichtete und ihnen beibrachte, wie sie sich vor der Kamera am vorteilhaftesten bewegten. Bühne und Film waren zwei Paar Schuhe – bei dem ersten konnte die Mimik nicht stark genug sein, beim zweiteren waren dezenteres Auftreten und Sprechen – nur ein wenig mehr als „normal" – gefragt. Jahre später, wenn Inge in der Johannesgasse vorbeiging, würden ihr ihre früheren Studenten noch „Hallo, Frau Letz" zurufen.

Inge und Efi kannten einander nicht erst als Nachbarinnen, sondern schon lange davor, als Inge für die Regie bei der Sendung „Die liebe Familie" einsprang. Zwischen Inge und der Ott gab es kein Herumschwänzeln, kein Vorteilziehen, nur ein tiefes Verständnis, das weder zu intim noch zu oberflächlich war und wie es oft nur Frauen, die aus derselben Branche kommen, füreinander empfinden.

Elfriede Ott starb in der Nacht nach ihrem Geburtstag am 12. Juni 2019. Fritzi und sie waren in der „Alm" in Maria Enzersdorf gewesen, als sie heftige Schmerzen überkamen und die Rettung gerufen werden musste. Am nächsten Tag besuchten sie Fritzi und Goran im Krankenhaus. Als sie gingen, verabschiedete sie sich mit den Worten: „Ich habe euch beide sehr lieb."

Das Kapitel war geschlossen. Inge und Fritzi feiern im Andenken an Efi gemeinsam Weihnachten.

An sie erinnern die Dinge, wie ein Schal oder ein Buch, die in Elfriede Otts Besitz waren und die ihr Fritzi nach Efis Tod schenkte.

Inge hat keine Angst vor dem Alter. Auch vor dem Sterben nicht. Vielleicht gibt es nach dem Leben etwas. Das muss es ja, sonst wäre all die Mühe umsonst gewesen. An so etwas wie eine „höhere Existenz" glaubt sie, aber Gott mag sie „es" nicht unbedingt nennen. Für Elfriede Ott war es schwer, von ihrem Leben als Doyenne loszulassen. Es häuften sich Fotografien, Bücher, Briefe, Plakate und Erinnerungsstücke. Bis zu ihrem Tod 2019 unterrichtete sie ihre Schauspielschüler in der von ihr gegründeten Schauspielakademie in der Zaunergasse im 3. Wiener Bezirk. In jungen Jahren war auch André Heller einer von ihnen. „Es gibt in diesem künstlerischen Bereich keine Methode. Die Methode ist man selbst", sagte die Ott immer wieder. Sie wünschte ihren Studierenden, „dass das Theater lebendig bleiben wird, dass sie die Möglichkeit haben werden, die Menschen in all ihren Lebensphasen, Schicksalen, Glücksperioden, Liebesbeziehungen, Erniedrigungen, Abenteuern, Fehlschlägen, Kränkungen, Verlusten, Gnaden, Abstürzen, Freuden, Untergängen, Bereicherungen, Schrecken, Schlechtigkeiten, Brutalitäten – kurz: Erfahrungen – spielen zu dürfen." Sie wusste nur zu gut, dass es ein „robustes Innenleben", wie sie sagte, braucht, um Rückschläge und Unsicherheiten zu ertragen, die nie enden und den Schauspielern ein ständiger Begleiter sein werden.

Inge erinnert sich noch an die Zeiten mit Ekkehard Böhmer und Wolfgang Rademann, mit dem sie befreundet war. Rademann war ein deutscher Journalist und Fernsehproduzent, der 2016 starb. Sein erster Durchbruch sollte 1969 mit der Peter-Alexander-Show erfolgen. Dauerbrenner wurden Sendungen mit Anneliese Rothenberger („Anneliese Rothenberger gibt sich die Ehre"), „Bonjour, Kathrin" mit Caterina Valente, bei der auch Inge als Regieassistentin mitwirkte. Ein großer Publikumserfolg war auch die „Wencke Myhre Show". Die erfolgreichsten und von Rademann begründeten Sendungen waren sicherlich die ZDF-Reihe „Das Traumschiff" (seit 1981) und „Die Schwarzwaldklinik" (1985–1989), wobei das Traumschiff noch immer mit prominenter Besetzung wie Florian Silbereisen, Barbara Wussow und Harald Schmidt produziert wird. Geschichten über meist heitere Verwicklungen unter den Passagieren eines Kreuzfahrtschiffes, das in jeder Folge zu einer anderen Destination unterwegs ist, werden erzählt. Am Ende steht immer ein Happy End, zu dem der Kapitän, der Chefsteward und die Chefhostess ihr Möglichstes beitragen.

Es war immer Wolfgang Rademann, der sich bei Inge spontan meldete, um einfach nur so zu fragen, wie es ihr ginge. Bei einem ihrer Treffen lud er sie als Gast und Passagierin auf das Traumschiff ein. Die Reise ging von Dubai in die Emirate.

Kennengelernt hatte Inge Rademann, als er die Leitung der Studios in Tonndorf bei Hamburg innehatte. Dort wurden die Shows mit Peter Alexander, Wencke Myhre oder Caterina Valente aufgezeichnet. Regie führte Böhmer. Inge war damals seine Regieassistentin. Bei der folgenden Produktion fuhr sie mit dem Mannschaftsbus zu den Studios. Kaum dass sie die Halle betreten hatte, hörte sie das Kommando „Play-back ab". Wie sollte das gehen? Also fuhr sie täglich mit der S-Bahn zu früher Stunde, um ja rechtzeitig den Finger auf den Startknopf legen zu können. Drei Wochen lang. Es war Winter, eiskalt und sie war da, bevor die Kollegen eintrafen. Nur der Nachtwächter hatte Mitleid und teilte sein Frühstück mit ihr. Inge begriff nun, was ein Regisseur von seiner Assistentin erwartete, nämlich immer einen Schritt voraus zu sein.

Rademann konnte als oberster Chef auch fordernd sein. Es ging ihm gegen den Strich, wenn die Playbackzeiten nicht genau überprüft wurden. Jede weitere Sekunde kostete Geld, das nicht kalkuliert war. Inge bekam eine neue Stoppuhr.

DIE LIEBE

Ein Jahr nachdem ihre erste Ehe mit Peter Letz, dem Architekten, zu Ende gegangen war, lernte sie den Filmproduzenten Peter Pochlatko kennen. Er war es auch, der die Eurovisionssendung „Wünsch dir was" (WDW) produzierte.

Als Inge an einem Probentag, die Sendung wurde damals aus der Donauparkhalle im 22. Wiener Bezirk ausgestrahlt, enorm gestresst war, weil viel schiefgegangen war, stieg sie die Treppe zum Produktionsbüro hinauf. Da stand so ein Kerl, lässig in der einen Hand die Zigarette, die andere in der Hosentasche. Seine Unverschämtheit war attraktiv, seine Selbstsicherheit verschlug ihr die Sprache. Er versperrte ihr den Weg und Inge sagte: „Würden Sie mich bitte vorbeilassen?" Dazu er: „Nur ungern." Inge daraufhin zu Trixie, der Produktionssekretärin: „Sag einmal, wer ist denn dieser arrogante Kerl?" „Na das ist dein Chef, der Produzent."

Inge hatte schon mehrere WDW-Sendungen betreut und Peter Pochlatko nur einmal davor auf der besagten Treppe gesehen. Trixie rief sie an und bat sie um Hilfe: „Inge, du bist unsere letzte Hoffnung. Wir drehen gerade ‚Alpensaga' im Waldviertel, du musst uns bei den Drehbüchern helfen." Diese wurden damals auf einer Matrizenmaschine angefertigt. Matrizendrucker, auch Spiritusdrucker oder Blaudrucker genannt, waren auch unter dem Begriff Ormigverfahren bekannt. Vor dem Druck muss zuerst eine Druckvorlage, die Matrize, auch Spiritusmatrize genannt, angefertigt werden. Sie ist ein stärkeres $(120–150\,\mathrm{g/m^2})$, glattes (gestrichenes) Blatt Papier, das an den druckenden Stellen mit der abzugebenden Farbe beschichtet wird. Dazu legt man das Blatt auf eine spezielle Folie, die ähnlich wie Kohlepapier funktioniert, und schreibt oder zeichnet. Allerdings wird der Durchschlag nicht auf ein neues Blatt geschrieben, sondern auf die Rückseite des zu beschreibenden Papieres. Diese Kopie ist somit spiegelverkehrt und dient als Vorlage für den Druck. Die Beschichtung der Folie besteht aus einem speziellen, alkohollöslichen Wachs und durch den Druck des Schreibens bleibt dieses auf der Rückseite des Papiers haften. Durch Wechsel der Folien kann man mehrfarbige Matrizen herstellen. Die Matrize wird auf eine Trommel gespannt und diese gedreht. Unter der Trommel wird das zu bedruckende saugfähige Papier hindurchgezogen, nachdem es hauchdünn durch einen feinporigen Schwamm mit Spiritus benetzt worden ist. Der Alkohol löst winzige Partikel von der Matrize und das zu bedruckende Papier nimmt diese auf – ein Abzug entsteht. Von der Matrize wird dabei bei jedem Durchgang ein wenig Wachsfarbe entnommen.

Inge kurbelte auf der Matrizenmaschine stundenlang das Drehbuch für die Alpensaga. Es war zwei Uhr früh und es öffnete sich die Türe, hereinspaziert kam Peter Pochlatko. Er ging auf Inge zu und küsste sie auf die Stirn. „Danke, dass Sie uns helfen."

Die Geschichte, *ihre* Geschichte begann. Zwischen Inge und Peter *und* Peter und Inge. Und eines Tages sagte Inge zu ihm: „Ich werde bald 40 und will nicht ein Leben lang Schattenfrau sein." Einige Monate später heirateten sie.

Später, als sie über Peters ersten Kuss auf ihre Stirn und den Moment der Überraschung lachten, erinnerte sich Peter und erzählte ihr folgende Anekdote. Auf der Honorarabrechnung von Inges anfänglicher Mithilfe bei WDW stand geschrieben: „Ateliersekretärin." Der Job war ihm völlig schleierhaft. Peter fragte den Produktionsleiter: „Sag einmal, was macht eigentlich eine Ateliersekretärin?" Dieser meinte: „Wir haben jetzt einen Job erfunden, den hat's noch nie beim Fernsehen gegeben.

Die macht alles, was die anderen nicht machen wollen." Ganz in den Anfängen erlaubten sich die Kollegen einige Späße, sie schickten sie um das Regiemaß oder ein Kilo Schwarzblende. So ein Schmarrn!

Peter und Inge suchten nach ihrer Hochzeit eine gemeinsame Bleibe. Vielleicht in Brunn am Gebirge oder in Perchtoldsdorf im Süden von Wien. Letztendlich fiel ihre Wahl auf Klosterneuburg. Die darauffolgenden Jahre waren die glücklichsten. Inge und Peter *und* Peter und Inge. Beide waren sie erfolgreich in ihren Berufen. Sie hatten Freunde und interessante Begegnungen, sie hatten einander.

Inge und Peter Pochlatko

DER SEE

Es zog Inge und Peter oft an den Gardasee. Damals, in den 1980er-Jahren, war dieser kaum touristisch erschlossen. Er war authentisch, vom Massentourismus unberührt. Stefan Seigner, der seit 1983 die Geschäfte von André Heller führte, kaufte sich eine Wohnung in dem romantischen Städtchen Salò, das am südlichen Teil des Gardasees gelegen ist. Salò geht an seinem Nordrand in den Nachbarort Gardone über. Der einstige Glanz des 19. Jahrhunderts, als es noch viele englische Adelige dorthin zog, war verflogen. Der botanische Garten des 1971 gestorbenen Zahnarztes Arturo Hruska war nach seiner Verfügung in den Besitz der Gemeinde übergegangen, die venezianische Villa auf dem Areal, nach einem erbitterten Erbfolgestreit, verfallen. Stefan Seigner erfuhr vom Bürgermeister, dass dieses Juwel zu kaufen sei und begeisterte André Heller dafür, der auf der Suche nach einem Garten für sich und seine künstlerischen Ambitionen war. Franz André Heller wird – sicherlich zu eng gefasst – als Multimediakünstler beschrieben. Er ist vieles mehr – Schriftsteller, Theaterautor, Regisseur und Bühnenbildner, Maler und Impresario, Dokumentarfilmer und Schauspieler, Zirkusdirektor und Sänger, Bildhauer, Komponist, Feuerwerker. Die Liste ist lang. Bei Hellers fulminantem „Theatro de Fuego" in Lissabon von 1983 war Peter vom ORF beauftragt, das Spektakel zu filmen. Ihm zur Seite war Inge, unvergesslich bleibt ihr das Ereignis, die tobende Menge, die Zeuge des gigantischen Feuerwerks wurde, und auch die Pannen, die nicht zur Katastrophe wurden. Heller wollte im wahrsten Sinne des Wortes alles bisher Dagewesene an Feuerwerkskunst toppen. Er wollte ihr vor allem auch eine mythische Bedeutung geben. Das große, repräsentative Feuerwerk blickt auf eine jahrhundertealte Tradition, eingebettet in die Geschichte der verschiedenen Herrscherhäuser von China, über Japan bis nach Italien, zurück. An den Fürstenhäusern stieg die Feuerwerkskunst zu einem Repräsentationsmodell mit raffinierten Dramaturgien auf, sodass diese Kunstform im Barock sogar jener des Theaters, der Oper und der Architektur gleichgestellt wurde. Heller wollte das „Feuertheater" reanimieren und ihm eine kulturelle Tiefe geben, die Explosionsabfolge sollte einem ausgeklügelten Ablauf folgen. Der berühmteste Hersteller von Feuerwerkskörpern war die Firma Ruggieri in Paris, die bereits im 18. Jahrhundert Feuerlabyrinthe hergestellt hatte. Aber sogar Ruggieri zeigte bei Hellers erstem Besuch Unverständnis für seine Vorstellungen eines Feuerspektakels von historischer Größe und mythischer Dimension. Die Dramaturgie sollte sich von der Erschaffung der Welt über einen mythischen Kampf zwischen Hass und Dummheit zur Befreiung der Welt durch Fantasie und zum friedlichen Miteinander entwickeln. Heller wollte „starke Bilder" am Himmel sehen. Bei Ruggieri fand er schließlich doch den richtigen Ansprechpartner, der mit ihm alte Explosionsmuster aus dem Archiv pflückte und neue erfand.[32]

Das Feuertheater sollte Unsummen verschlingen, etwa neun Millionen Schilling, die Finanzierung stand erst 20 Tage vor dem Abschuss der Raketen fest. Es würde Heller fast an den Rand des Bankrotts treiben. Viele Fernsehsender wie auch Banken, Unternehmen und Finanziers, darunter auch der wohlhabende Privatier Stefan Seigner, sollten sich an der Finanzierung dieses gigantischen Projektes beteiligen. Man rechnete am 11. Juni 1983 mit 200.000 Besuchern auf der Praça do Comércio, dem Hauptplatz der Altstadt Lissabons. Es kamen rund 900.000, wofür der Platz gar nicht ausgerichtet war.[33]

Man muss sich vorstellen, dass sich neben dem Hauptplatz am Ufer die steil aufsteigenden Stadtteile aneinanderreihen. Peter, der vom ORF beauftragt war, hatte seine Kameraleute am Uferstrand platziert. Die Feuerwerkskörper selbst befanden sich auf Schiffen und wurden mittels Computerfernsteuerung gezündet. Als die Besuchermenge zu einer unübersehbaren Lawine anschwoll und bedrohlich auf sie zuzurollen begann, schrie Peter Inge, die mithalf und sich ebenfalls bei den Kameras neben dem Chefkameramann aufhielt, zu: „Lass dich nicht ins Wasser abdrängen, sie treten dich zu Boden und du ertrinkst."

Inge konnte nicht klar denken, sie war nur damit beschäftigt, die Ausrüstung, die Filmkisten mit den Rollen vor den Leuten zu sichern. Bevor sich aber Massenpanik ausbreiten konnte, wurde das Feuerwerk gezündet und zog die Zuschauer in den Bann. Jedoch hatten sich die Kabelverbindungen gelöst, da sich einige an den Kabelsträngen in die Höhe zogen. Lautsprecher fielen aus und irgendwann machte der Steuerungscomputer des Feuerwerks auch nicht mehr mit. Das Lichterspektakel endete lange vor dem geplanten Abschluss, um gute 14 Minuten zu früh. Dennoch war das Publikum zu erstaunt, verwirrt und überrascht, sodass es dieses vielmehr als „Wunder" und weniger als „Unglück" aufnahm. Dieter Böttger, der ebenfalls vor Ort war, erinnert sich, wie Heller geschockt war. Inge selbst blieb die Luft weg, sie kannte den Ablauf ganz genau und war diesen mit dem Chefkameramann von Heller den Abend vor der Show im Detail durchgegangen, um den Kassettenwechsel an der richtigen Stelle vornehmen zu können. Plötzlich war da aber nur mehr „ein Krach, Tschin Bumm, Blitz und Aus" am Himmel zu sehen. Peter rief Inge zu: „Wir geben auf", und irgendwie schafften sie es, aus der Menschenmenge herauszukommen. Sie gingen langsam die noch leere Straße zu ihrem Hotel zurück, wo auch die gesamte Crew von André Heller und er selbst untergebracht waren. Noch in der Nacht in der Hotellobby von Journalisten umringt, stand Heller und feierte einen Triumph mit dem Ausruf: „Das ist die Antwort auf meine Idee", obgleich die Show ein abruptes Ende gefunden hatte. Heller hatte es geschafft, aus Ungewolltem etwas

Gewolltes zu inszenieren. Es war der Auftakt zu seinem weiteren großen Theaterschaffen, dem chinesischen Zirkus „Begnadete Körper".

Seit dem Feuertheater in Lissabon waren Inge und Peter nun auch mit Stefan Seigner bekannt. Eines Tages lud er sie in sein kleines Apartment in Salò ein. „Wir kochen und essen gemeinsam und schauen uns dann den Botanischen Garten von Franzi an." Mit seinen über 3.000 Pflanzenarten und zeitgenössischen Skulpturen, von Keith Haring über Roy Lichtenstein, Susanne Schmögner, Erwin Novak, Edgar Tezak, Rudolf Hirt bis hin zu André Hellers Werken selbst, sollte der 1,5 Hektar große Garten in Gardone ein Gesamtkunstwerk des 1947 in Wien geborenen multitalentierten Hellers werden. Er ist ein Manifest des genuinen Eklektizismus seines Kulturbegriffes und würde auch jegliche botanische Regel sprengen, indem er heimische und exotische Pflanzen nebeneinandersetzte. Der Garten spiegelte Hellers kindlichen Spieltrieb wider, indem er mit allen Sinnen in einen künstlerischen, kontemplativen Dialog mit den Besuchern trat. In den kommenden Jahren würde er Millionen von Besuchern magisch anziehen.

Sowohl der Botanische Garten als auch die Villa, in der André Heller viele Berühmtheiten zu Gast hatte, befinden sich heute nicht mehr in seinem Besitz. Neben seinem Palais in Wien machte er einen Landsitz in Marrakesch zu seinem zweiten Domizil und gestaltete dort seinen „Anima Garden" für natur- und kunstbegeisterte Besucher.

Inge erzählt, dass das gesamte Erdgeschoss der italienischen Villa einem einzigen Salon glich, in dem er Gäste und Geschäftspartner empfing. Heller liebte es, viele Gäste in Gardone um sich zu haben. Dort traf sich eine Mischung aus Künstlern, Politikern, Unternehmern, Esoterikern und Freunden von Freunden. Auch Inge und Peter zählten zu seinen illustren Runden. Über Heller wird gesagt, er habe ein Talent für innige, lebenslange und treue Freundschaften, die auch Inge erfahren durfte. Auch Fürsorglichkeit gehört zu seinen Qualitäten. Als Inge mit Peter eines Tages, es muss 1988 gewesen sein, entlang des Lungolago, die Uferpromenade des Gardasees in Salò, ging, begegneten sie zufällig Franzi, wie ihn nur Freunde nennen, und erzählten ihm, dass sie gerade von einem Arztbesuch in Bergamo retour wären und Inge aufgrund von Herzrhythmusstörungen und Empfehlungen des Kardiologen überlegen müsse, einen Herzschrittmacher einsetzen zu lassen. Inge war damals gerade mal an die 40 Jahre alt. Heller war entsetzt und meinte, dass er sie sofort zum Arzt seines Vertrauens, dem Heilpraktiker Peter Mandel, nach Bruchsal in Deutschland bringen würde. Am nächsten Tag saßen sie beide bereits im Flugzeug Richtung Frankfurt. Mandel würde Inge mit einer Farblichttherapie behandeln, die als Alternativmedizin gilt und davon ausgeht, dass jede Wellenlänge sich anders auf Körper und Psyche auswirkt. Die Farblichttherapie wiederum nutzt die Energie von farbigem Licht, um den Stoffwechsel anzuregen und das seelische Gleichgewicht zu fördern. Inge würde einige Jahre nach der Therapie ein „ruhiges Herz" haben. Von einem Herzschrittmacher war keine Rede mehr.

Eine tiefe Verbundenheit empfand Inge auch zu Hellers Mutter Elisabeth. Mit ihr saß sie oft in den beschaulichen Verweilecken des italienischen Gartens, unvergesslich sind ihre Gespräche über Gott und die Welt. Nach der Trennung von Peter war Franzi ihr Trost und treuer Freund, der sie bei der Hand nahm und sie ihren Schmerz beim Spazieren auf einer der Wiesen für einen Moment vergessen ließ. Er war es auch, der ihr von allen ihren Freunden den einzig richtigen Rat gab: „Lerne, selbst und alleine zu leben." Was bringt Trost? Und Selbstmitleid? Wenn man die Liebe seines Lebens verliert, helfen nur Klarheit und Wirklichkeit, „letztendlich die Besinnung auf die eigene innere Stärke und nicht, was andere von außen an uns herantragen". Zurück bleiben die Erinnerungen an die schönste Zeit ihres Lebens – in Salò am Gardasee.

DAS LIEBESNEST

Von Gardone nach Salò ist es ein Katzensprung, nämlich gerade mal drei Kilometer. Als Peter und Inge bei Hellers Manager Seigner in seiner Wohnung in Salò auf der Terrasse über den Dächern saßen, die schnurrenden Katzen um sich herum, verliebten sie sich. In das „dolce vita", in das blaue Wasser und die strahlende Sonne. Es kam ihnen der Zufall zu Hilfe. Seigner hatte bereits etwas Größeres im Auge. Wer sollte nach dem Preis fragen? Inge oder Peter oder Peter oder Inge? Es war Inge, die sich mit Seigner über den Kaufpreis der Wohnung einigte.

Glückliche Stunden erlebten sie in Salò. Peter, der handwerklich sehr geschickt war, renovierte die Wohnung selbst. Sie war klein, ein wenig verwinkelt, auf zwei Etagen. Das Herzstück war sicherlich die Terrasse. Inge sorgte für das leibliche Wohl und kochte. Alles, was der See und das Meer zu bieten hatten. Die Sprache stellte anfangs noch eine Barriere dar. Auch die Kultur, der Müßiggang der Südländer – das erste Wort, das Inge von ihnen lernte, war *domani*, morgen. Inge besuchte einen Italienisch-Sprachkurs im „Dante Alighieri" im dritten Bezirk. In der zweiten Stunde stellte sich heraus, dass ihre Kurskollegen schon mehr Grundkenntnisse hatten. Von einer Minute zur nächsten erhöhte sich die Geschwindigkeit, der Trainer galoppierte förmlich von einem Satz zum nächsten. Das Tempo schleuderte Inge hinaus. So brachte der Unterricht rein gar nichts. Inge gibt nie auf, sie nimmt vielmehr einen zweiten Anlauf. Sie fand selbst einen Sprachkurs, dieses Mal in Salò. Die einzelnen Satzverbindungen schrieb Francesca, ihre neue Sprachtrainerin, auf die Tafel. Es erinnerte Inge an die Volksschulzeit, als Francesca mit dem Rohrstaberl auf jedes einzelne Wort zeigte.

Sie fuhren regelmäßig mit dem Auto in ihr zweites Zuhause nach Salò, bis oben vollgepackt, dabei wollten sie nur eine Zahnbürste mitnehmen. Von dort ging es dann über den Flughafen Mailand oder Florenz zur TV-Produktion nach Deutschland. Das Leben aus dem Koffer war nicht zu Ende. Die Koffer wurden nur noch mehr und wanderten zwischen den Grenzen hin und her.

Inges Freunde liebten die Wiener Küche. Vielleicht auch als Erinnerung an die Jugendzeit im Schweizerhaus, Wiens berühmtestem Wirtshaus im Prater. Künstler mochten diese Schenke überhaupt sehr gern und dies von Anfang an, gebaut wurde sie nämlich schon 1840. Im Laufe der Jahrzehnte wurde sie zu einer österreichischen Institution. Backhendl mit Gurkensalat war die Leibspeise von vielen – von Grillparzer über Hugo von Hofmannsthal und Arthur Schnitzler bis zu Peter Alexander, Udo Jürgens, Helmut Qualtinger, Robert Stolz, der dort seinen berühmten Schlager „Im Prater blüh'n wieder die Bäume" schrieb, und eben auch André Heller.

In der italienischen Villa von Franzi in Gardone hat Inge für ihn und seine Freunde des Öfteren gekocht. Auch da gab es mit Vorliebe „Gebackenes" und allerlei Köstliches aus der internationalen Cuisine. In der Villa versammelten sich viele Künstler der Wiener Schule, erinnert sich Inge, wie Professor Ernst Fuchs oder Arik Brauer, den Inge als besonders liebenswürdig empfunden hat, oder auch Friedensreich Hundertwasser. Inge sollte den schon schwer kranken Keith Haring kennenlernen, der die Eintrittskarten und das Plakat für den Garten gestaltete. Sie alle genossen Inges Küche. Der Inhalt der Gespräche war teils tiefsinnig, teils banal, eben ganz normal.

Die Gegenwart betritt das Parkett der Vergangenheit und heute führt eine Umfahrungsstraße direkt beim Botanischen Garten vorbei. Heller verkaufte ihn 2014 an den österreichischen Immobilien-Investor Günter Kerbler. Als Inge den Ort nach vielen Jahren wieder besucht, ist er überlaufen, aber nicht mehr das, was er einmal war. Salò bleibt nur in ihrer schönen Erinnerung.

EINE LIEBE VERGEHT

„Liebe ist ein Kunstwerk,
und ich glaube nicht, dass es
sehr viele Menschen können."

Ingeborg Bachmann

Aber Liebe heißt auch leiden. Ist Liebe nicht auch ein Lernprozess?[34]

1993 zog Peter aus der gemeinsamen Wohnung in der Naglergasse aus. Zwei Jahre später suchte Inge eine neue Bleibe. Es blieb ihr nicht erspart, unzählige Objekte zu besichtigen, bei der sie manchmal gleich am Treppenabsatz kehrtmachte. Sie fand ein schönes neues Reich in der Innenstadt, deren geschäftiges Treiben in den Straßen sie so liebt. Eine alte breite Steintreppe führt in den dritten Stock des historischen Gebäudes, das in kommerzielle, frei zugängliche Büros und in die durch ein schweres schmiedeeisernes Tor getrennten privaten Wohnungsbereiche geteilt ist. Inges Wohnung ist hell, hohe Holzkastenfenster lassen viel Licht herein. Auch die hohen Räume sorgen für Großzügigkeit. Es ist ein typischer klassischer Wiener Altbau. Architektonisch neue Bauten interessierten Inge nie. In ihrer Wohnung finden sich großteils Möbel aus der Zeit ihrer Großeltern, Büchersäulen, auf denen sich gut 300 Bücher stapeln. Eine Pendeluhr, die sich laut zu jeder vollen Stunde meldet, eine feuerrote Chaiselongue, auf der sich zu Weihnachten Geschenke und Weihnachtskarten sammeln, während des

Jahres Zeitungen und Magazine. Dazwischen viele Bilderrahmen, mit Fotos ihrer Familie, von ihrem Ex-Mann Peter Pochlatko, ihren Freunden und Lieben, von ihrer Freundin Christl und deren Kindern und Enkelkindern, die mit den Jahren zu ihrer eigenen Familie wurden. Auf einer Holzetagere befinden sich neben Krimskrams auch eine Lupe als Seh- und Lesebehelf, ein silberner Brieföffner, eine Silberdose und das Fliegerabzeichen ihres Vaters. Am Boden stapeln sich Kochmagazine. Die filigranen Stühle aus dem 19. Jahrhundert, mit Polstern in elegantem Schwarz gehalten, laden zu einer Jause ein, mit klassischem Porzellan – weiß mit Gold- und Blaurand. In der kleinen Küche, so wie es viele Altbauwohnungen haben, zaubert Inge, eine begnadete Köchin, ihre Lieblingsgerichte, die von ihren Reisen um die Welt erzählen. Auf ihrer Pawlatsche, die zum Innenhof gerichtet ist, zieht sie Kräuter und pflanzt Blumen. In lauen Sommernächten trinkt sie dort mit Freunden ein gutes Gläschen Wein. Die Kunst, das Leben zu genießen, liegt in einfachen Dingen – zum Beispiel in einem Picknick mit Brot und Schinken, so wie sie es mit ihrem ersten Mann auf einer mitgebrachten Decke im Lainzer Tiergarten tat.

In Inges Wohnung entdeckt der Besucher viele interessante Kunstobjekte: ein weiblicher Steintorso oder eine weiße Marmorbüste. An einer der Wände hängt ein Ölbild. *La Femme* von Jean-Pierre Ceytaire. In surrealistischer Manier. Inge könnte es sein. Als Femme fatale, die übergroß dargestellt ist, nur mit roter Corsage, beinahe unverhüllt, der Kopf ist zur Seite geneigt, die Haare sind rot, kurz und in Wellen gelegt, vor ihr kauernd und in sich gekrümmt ein kleines Männchen mit einer goldenen Krone auf dem Kopf – so wie sie oft von Königen und Prinzen in den Märchen unserer Kindheit getragen wird. Mit drei Kegeln, unten dickbauchig, oben dünner werdend, und Kugeln, die auf jedem Kegel den Abschluss bilden. Inge, die Männer zähmt, so sah der Künstler sie. Sie hatte sich das Bild erst nach ihrer Scheidung von Peter Pochlatko für ihr neues Refugium in der Inneren Stadt gekauft. Zehn Jahre würde es dauern, bis es so eingerichtet war, wie es heute noch ist. Die Trennung, das Bild. Peter, ein Alpha-Mann, wollte, so drückte er es gegenüber Inge aus, einfach mit einer anderen Frau weiterleben und erwartete von Inge, als Frau ihrer Generation, dass sie dies akzeptierte. Ihm schwebte eine „Ehe zu dritt" vor. „Nur eine Frau zu lieben, das kann es ja nicht sein." Wegschauen. Weitermachen. Es sein lassen. Peter war es auch, der letztendlich alle Entscheidungen in ihrer Ehe traf. Deshalb hatte Inge so sehr ihren Beruf geliebt. Hier war sie es, die das Ruder übernahm. Es war ihre Verantwortung, niemand konnte ihr reinreden, aber niemand hat ihr auch geholfen.

Inge machte einen Schlussstrich. War es ein Befreiungsschlag, ein Akt der Emanzipation? Nie war sie selbstbewusster, nie empfand sie sich als schöner und stärker als in dem Moment, als sie dieses Ölbild von Ceytaire, einem Franzosen, erwarb. Jetzt thront es in ihrem Wohnzimmer über der Biedermeiersitzgruppe. Wie belebt doch Gebrauchsgegenstände werden, wenn sie aus verschiedenen Epochen stammen. Sie sind Zeugnisse der Ästhetik und der Gewohnheiten ihrer Gestalter, Designer und Benutzer.

Mehrere Skulpturen eines Schweizer Bildhauers finden sich dazwischen und strukturieren den Raum. M., wie Inge ihn nennt, ist ein charismatischer Mann, durch und durch. Inge liebte die Welt seiner Kunst, sein intellektuelles Gedankenspiel, in dem er stets die Hauptrolle spielte. Sie waren sehr ineinander verliebt. In seinem Haus in der Toskana, das mehr einem Gutshof glich und das er mit einem Architekten erworben hatte, erweckte er, der Künstler, die Figuren aus Marmor zum Leben. Spärlich bekleidet stand er da in seinem Atelier. Welche Frau hätte er nicht fasziniert? Die Beziehung gestaltete sich turbulent. Es war ein Auf und Ab. Ein Wechselspiel an Gefühlen, immer Leidenschaft und nie Geborgenheit. Er war Eremit. Können Künstler selbstlos lieben? Von heute auf morgen würde er Inge bitten abzureisen. Er wollte ungestört sein in seinem Schaffensprozess. Gleichzeitig hielt er es nie sehr lange ohne sie aus. Oft kam er aus der Toskana nach Wien. Sie besuchten Galerien, Museen, die neuesten Ausstellungen. Er wusste über alles bestens Bescheid – wo man gut aß, was es im Theater gab, welcher Künstler im Aufwind begriffen und am Markt begehrt war. Kunst ist ein Markt, den Wert bestimmt heute noch mehr als früher die Nachfrage. Wie sehr sie doch Kunst und Kultur mit ihm genoss. Leidenschaft vergeht, ein Partner würde er nie sein. Künstlern scheint oft die Struktur in ihrem Leben zu fehlen. Wie junge Hunde fallen sie von links nach rechts. Sie haben Geld, fünf Minuten später haben sie keines mehr. Stehen auf und sagen, es ist zu schade, um aufzustehen und legen sich wieder hin. Sie liegen den ganzen Tag grundlos im Bett. Das sind Künstler. So hat Inge sie erlebt. Und Inge hat sie geliebt. Schon damals, als viele Musikstudenten in die Wohnung ihrer Großmutter in der Teschnergasse in Wien-Währing kamen, um sich einmal den Magen mit Erdäpfelgulasch zu stopfen.

Inge liebte es, verliebt zu sein. *Jedem Anfang wohnt ein Zauber inne*, nach Hermann Hesse. So ist es auch mit der Liebe. Das anfängliche Verliebtsein tröstet über die Verletzungen der Vergangenheit und über die, die später noch kommen. Die Liebe ist ein Geschenk des Lebens.

Von der Straße her steigt Lärm und Geräusch von den Touristen zu Inges Wohnung auf, sie eilen durch die Innenstadt. Ein Lieferwagen hupt. Ein Mann schreit und dazwischen bimmeln die Kirchenglocken, ganz aufgeregt. Inge schließt das Fenster. Auch jetzt flattert so mancher Brief mit liebevollen Worten ins Postfach. Für die Liebe ist man nie zu alt. Auch wenn sie sich über die Jahre verändert.

An die Jahre mit Peter denkt sie oft. Das Schöne ist geblieben, das andere vergessen. Peter starb 2002.

EIN NEUES LEBEN

Inge püriert die Gemüsesuppe mit dem Stabmixer. Er war ein Geschenk von Starkoch Johann Lafer, der in einer ihrer Sendungen zu Gast war. In ihrer Wohnung finden sich viele Dinge wieder, Geschenke, signierte Bücher und Fotos, Erinnerungen an ihre Zeit hinter der Kamera, am Regiepult. Es sind nur noch Bruchstücke an Erinnerungen, vieles hat sie vergessen. Zum Beispiel einige der Sendungen, wann und wo und mit wem sie waren. „Es ist doch schon so lange her." Wenn sie heute mit ehemaligen Kollegen zusammenkommt, dann sprechen sie nicht mehr von damals. Es ist vorbei. Jeder hat mit seinem altersgemäßen Zustand genug zu tun.

Inge war nie stolz auf ihre Karriere. Welche Karriere? Es war ein Job. Nichts weiter. Sie war nie auf Ruhm aus. Eigenartig, sie war auch nie darauf aus, dass man sagt, sie sei tüchtig. „Für mich war es eine Selbstverständlichkeit, dass man die Sache, die man macht, tausendprozentig durchführt. Oder es zumindest versucht." Stünde sie jetzt noch einmal vor der Wahl, würde sie ein zweites Mal gefragt, den Beruf der Regisseurin würde sie nicht mehr wählen. Sie wäre lieber Journalistin geworden, hätte Familie, Kinder gehabt.

In der breiten Öffentlichkeit waren Regisseurinnen und Regisseure nicht wirklich bekannt oder sogar berühmt. Man kannte einen Böhmer, das schon, aber Celebrities mit eigenem Social-Media-Kanal wie heute waren sie keine.

Böhmer sei in seiner Freizeit viel gereist, erzählt Inge. Eigentlich wollte er Dirigent werden, wie sein Vater. Geworden ist er Regisseur. Mit seiner Frau Alma und Freunden essen gehen, das war nur selten der Fall. Eher unternahm er monatelange Schiffsreisen in alle Kontinente dieser Welt.

Zuletzt meinte er, dass es an der Zeit wäre aufzuhören. In den 1970er-Jahren wurden die Probezeiten bis auf eine Woche vor Live-Sendung gekürzt. Das Volumen blieb aber gleich und die Regisseure mit ihren Teams gerieten mehr und mehr unter Druck.

Arbeitszeiten waren generell nicht geregelt. Als Inge Komparsin bzw. Regieassistentin war, gingen die Proben oft bis drei Uhr früh. Drei Stunden hat sie geschlafen, oft nicht einmal diese, so viel ist ihr durch den Kopf gegangen. Die Bezahlung war so gering und ihre Mutter musste die Gage aufbessern. Inge war nur zeitweise angestellt, für anfallende Arbeiten in einer Filmfirma, großteils arbeitete sie jedoch selbstständig als freie Regisseurin. Dadurch konnte sie sich aussuchen, welche Sendungen sie machen wollte.

Freiberufliches Arbeiten ermöglichte ihr, nicht nur verschiedene Sender, sondern auch verschiedene Sendungsformate als Aufträge anzunehmen. Inge führte Regie auch für das Frauenjournal im deutschen Fernsehen namens Mona Lisa. Das Gesellschaftsmagazin wurde von April 1988 bis Juli 2017 ausgestrahlt und behandelte später auch kritischere Themen wie Kinderpornografie oder Vergewaltigungen im Jugoslawienkrieg. Inge weiß noch heute ganz genau, wie sie die Redaktionschefin und Moderatorin Maria von Welser kennenlernte. Sie war damals in den Bergen zum Skilaufen. Als sie in der Hotellobby saß, kam Maria auf sie zu: „Entschuldigen Sie, sind Sie nicht Inge Letz?" Trotz ihrer Heirat mit Peter Pochlatko war sie in der Branche Inge Letz geblieben. „Ja, das bin ich. Wollen Sie Platz nehmen?" „Gerne, ich bin die Chefredakteurin und Moderatorin von Mona

Lisa. Es geht mir schon länger durch den Kopf. Ich würde Sie sehr gerne als Regisseurin haben. Wie sind Sie denn ausgelastet?" Und Inge antwortete: „Stets, aber für Mona Lisa ist noch Platz." Und so ging es weiter.

INTRIGENSPIEL

Der Österreichische Rundfunk (ORF) war schon immer – einmal mehr, einmal weniger – Spielball und Instrument der politischen Parteien und Mächte. In den frühen Sechzigerjahren war der Einfluss der großen Parteien so eklatant groß, dass es zu einem Volksbegehren mit 800.000 Unterschriften kam. Einer der prominentesten Unterstützer war der damalige Chefredakteur des Kuriers, Hugo Portisch. Das Parlament, in dem aber die Potentaten saßen, gegen die sich das Volksbegehren und somit ihren Einfluss auf den ORF richtete, war gezwungen, sich mit dem unterstützten Gesetzesentwurf auseinanderzusetzen. Es sollte noch bis 1966 dauern, bis die ÖVP die Nationalratswahl gewann und im Zuge der Wahl ein angemessenes Gesetz versprach, sodass schließlich 1967 unter Kanzler Josef Klaus das neue Rundfunkgesetz in Kraft trat.

Schwung kam auch in die obersten Etagen des ORF, „in denen noch immer ein Mann das Sagen hatte. Es hat ja da noch keine Frauen gegeben", sagt Inge ganz unverblümt. Es gab natürlich die Chefsekretärinnen, die konnten aber nichts entscheiden. Später kamen Monika Lindner, von 2002–2006 Generaldirektorin des ORF, und Kathrin Zechner, von 2012 bis 2021 ORF Fernsehdirektorin. Frauen in Führungspositionen konnten und kann man noch immer an der Hand abzählen. Inge meint, dass „Männer so von sich überzeugt sind, dass sie keine Konkurrenz fürchten". Allerdings das Intrigenspiel, das Frauen betreiben, wie Inge es mitunter erlebte, kenne sie von Männern nicht.

Inge erinnert sich. Als sie die Feuerprobe nach der ersten „Dalli Dalli"-Sendung bestanden hatte und auf dem Weg in ihr Hotelzimmer war, kam sie an einer offenstehenden Zimmertüre vorbei und hörte, wie eine deutsche Redakteurin am Telefon sagte: „Na ja, die erste Sendung ist ja gut gegangen. Aber lange wird die es nicht machen. Dafür werde ich schon sorgen." Inge konnte es nicht fassen. Am nächsten Tag rief sie Rosenthal an: „Hör mal, Hans, sollen wir das nicht lieber lassen? Ich habe gehört, wie über mich geredet wurde." Rosenthal wischte ihre Angst mit einem Satz weg: „Ich weiß schon, mit wem sie gesprochen hat. Da werde ich schon den Riegel vorschieben. Mach nichts und sag nichts." Es liegt in der Natur des Menschen, andere schlechtzumachen. Rosenthal schätzte ihre Arbeit, er war standhaft. Er entschied, wer blieb oder ging.

Inge hat versucht, Frauen als Regisseurinnen zu fördern. Sie haben alle nach zwei oder drei Sendungen aufgegeben. Das Nervenkostüm war zu dünn oder sie wollten doch lieber mehr Zeit mit ihren Kindern verbringen. Das versteht Inge sehr gut. Der Job fordert Opfer. Warum zieht es nicht mehr Männer nach Hause, zu den Kindern? Vielleicht ist es doch etwas Genetisches? Männer seien froh, wenn sie dem Kindergeschrei und den häuslichen Pflichten entfliehen können. Inge denkt: „Es ist nicht unsere Aufgabe, Karriere zu machen. Es ist, die Familie zu versorgen und sie zusammenzuhalten. Die Kinder zu erziehen." Für einen kurzen Moment mischt sich das konservative Gedankengut ihrer Generation in ihre Worte. Sie hatte sich für den Beruf entschieden, weil sie kein Kind hatte. Ein Kind hätte vieles für Inge verändert, sie hätte diesen Beruf niemals ausgeübt. Aber heutzutage ist es doch so, dass Frauen nie genügen. Egal, welche Rolle sie einnehmen – Mutter und Hausfrau, Karrierefrau und Ehefrau, Mutter und Berufstätige. Es ist immer falsch, nie richtig und schon gar nicht genug. Frauen sind oft ihre eigenen härtesten Kritikerinnen und unfairsten Konkurrentinnen.

Inge ist dankbar. Das Leben verändert sich im Alter, sie ist nicht unglücklich. Wenn sie zurückblickt, erinnert sie sich an die vielen Orte, an denen sie war. „Als ich noch Regieassistentin war, haben wir 1978 mit Böhmer in Mexiko eine ‚Wencke Myhre Show' für das ZDF gedreht, unter anderem auch in den Kupfercanyons. Ein paar hundert Meter geht es dort steil hinunter. Da sitzen die Frauen abends an der Kliffkante, mit ihren Babys, die sie um den Bauch gebunden haben. Diese Frauen beginnen zu singen, sobald die Sonne untergeht."

Es herrschten extreme Bedingungen vor. Durch Mexiko Stadt wurden sie mit Polizeieskorte gefahren. Man kann sich nicht vorstellen, meint Inge, was sich dort auf den Verkehrsknoten abspielte. Tausende von Autos, die wie verrückt hupten, schon aus Prinzip, um sich auch lärmmäßig vorzudrängen. Es stank nach Abgasen. Die Mexikaner mischten Öl, es war nicht das Benzin, das wir kannten.

Die Fahrt für den Dreh in die Kupfercanyons, von Los Mochis an der mexikanischen Pazifikküste in die Hochebene der Sierra Madre nach Chihuahua, war ein Abenteuer. Damals wie auch heute noch ist die Eisenbahnfahrt, der Zug wird auch liebevoll Chepe genannt, außergewöhnlich, obgleich es damals nur Individualtouristen dorthin verschlug, heute ist die Fahrt mit dem Sierra-Madre-Express trotz Massentourismus ein Geheimtipp geblieben. 86 Tunnel und 37 Brücken säumen die Bahnstrecke, eine technische Meisterleistung, die weltweit Beachtung fand.

Im Schleichtempo war der Zug unterwegs, als Inge mit dem Drehteam in die Kupfercanyons fuhr. Böhmer forderte die Crew auf, sie müsste alle Wertsachen gut am Körper verstecken. Bei einer Passage würden immer wieder Straßenräuber aufspringen und Fahrgäste ausrauben. Kaum war diese Episode überstanden, fuhren sie auf einen Tunnel zu. Böhmer und Inge standen auf der Lok, plötzlich ein Ruck, die beiden gingen zu Boden. Eine Kuh stand auf den Gleisen. Sie überlebte den Zusammenprall natürlich nicht.

In Acapulco wäre Inge beinahe ertrunken. Nach dem Dreh war sie ins Meer schwimmen gegangen. Es war gegen fünf am Abend. Der Strand war leer. Inge hatte sich gefreut, dass sie ganz allein war. Die Wellen waren einladend. Das Festland verschwand aus ihrem Blickwinkel. Eine Unterströmung hatte Inge hinaus aufs offene Meer gezogen. Die Wellen überschlugen sich förmlich über ihrem Kopf.

„Es setzt ein Mechanismus ein. Ich glaube, dass Ertrinkende keinen schrecklichen Tod erfahren", sagt Inge nachdenklich. Es gibt keine Hilfe, kein Entrinnen, wieso denn auch. Es gibt nichts und niemanden mehr. „Man ergibt sich." Es war ein schönes Gefühl und es war so still geworden. Die Panik war verflogen. Diese empfindet man nur, solange man ankämpfe, gegen die Wellen und für das Leben. In dem Moment, in dem man loslässt, ziehen schöne Erinnerungen vor dem geistigen Auge vorbei. Ihr Empfinden wurde ruckartig von Männerhänden unterbrochen, die sie auf eine kleine Luftmatratze zerrten. Später hatte Inge von Einheimischen die genauen Geschehnisse erfahren, die ihren Überlebenskampf vom Strand aus sahen.

Am nächsten Tag sollte sie auf Felsen am Strand klettern und für den richtigen Filmausschnitt die beste Position suchen. Sie konnte nicht. Es ging nicht. Der Vorfall hatte sie tief erschrocken. Die Angst saß so knochentief und lähmte auch das Team. Besonders aber bei Böhmer, der sich verantwortlich fühlte. Immer wenn er extreme Landstriche für die Aufzeichnungen aussuchte, kam es zu einem Unglück.

Es geschah an Orten, an denen es weit und breit keine Infrastruktur gab. Die Drehbedingungen in Mexiko waren in den unerschlossenen Naturgebieten dementsprechend schwierig. Die Hitze, das scharfe Essen, wenig Schlaf, nur drei Stunden pro Nacht drei Wochen lang, und fürchterlich schlechte Sanitärbedingungen. Viele Zigaretten wurden geraucht, während des Tages gab es keinen Alkohol, am Abend brauchte man einen Schlaftrunk, um zumindest ein wenig Ruhe zu finden.

Mexiko war ein intensives Erlebnis, für sie alle. Fremde Kultur und überwältigende Natur. Inge erfuhr ihre Grenzen.

Nach ihrem Nahtoderlebnis würde sie nie mehr ins Meer schwimmen gehen. Ihr Zweitheim mit Peter in Salò am Gardasee war ein Kompromiss, Peter wäre lieber am Meer gewesen.

Wenn Inge heute über ihre Arbeit, die vielen Sendungen und Shows spricht, dann bedauert sie eines, was sie nicht gemacht hat: einen richtigen Spielfilm. Peter kommentierte ihre Idee mit: „Schuster bleib doch bei deinen Leisten." Sie hätte einen Spielfilm aber, davon waren ihre Kollegen überzeugt, sicherlich mit genauso viel Perfektion gemacht wie ihre Sendungen auch.

Was bleibt, wenn sie Fotos von früher betrachtet, ist keine Wehmut, sondern Freude, Zufriedenheit, Erfüllung und Dankbarkeit. Ihre Maxime: „Ich habe mir und anderen nichts mehr zu beweisen."

BILDERSAMMLUNG

KURZLEBENSLAUF INGE LETZ

GEBORENE INGEBORG LUFT

» Ingeborg Luft, geb. am 24.3.1941
» Mutter: Martha Luise Klager, geb. am 6.10.1906
» Vater: Ing. Karl Hermann Luft, geb. am 28.10.1904
» 1947–1955 Volksschule und Mädchenrealgymnasium
» 1955–1959 Modeschule Michelbeuern
» 1961–1962 nach Prüfung bei ehemaliger Primaballerina Prof. Hedy Pfundmayr Hausmannequin im Damensalon Silhouette
» 1963–1965 Empfangsdame Architekturbüro Prof. Lippert
» 1965 Eheschließung mit Arch. Mag. Peter Letz
» In den 1960er-Jahren Beginn Regieassistenz in Österreich und später in Deutschland, erste Show mit Roberto Blanco
» 1976 Beginn Regie in Österreich
» 1981 Heirat Peter Pochlatko
» 2000 letzte Show

DANK

Ich danke allen ganz herzlich, die über mehrere Jahre dieses Buchprojekt mitgetragen und unterstützt haben. Allen voran natürlich Inge selbst, die sich mir anvertraute, in unzähligen Stunden über gute drei Jahre meine Fragen geduldig beantwortete und sich während unseres gemeinsamen Buchprojektes einem glücklichen, aber auch schmerzhaften Erinnerungsprozess stellte. Ich danke ihr von Herzen für ihre Bereitschaft und Neugierde, sich dem für sie bis dato von ihr selbst unangetasteten Thema des Feminismus zu öffnen.

Danke Inge, dass du mir das Gespräch mit Freunden und Wegbegleiterinnen und -begleitern ermöglicht hast: Danke an Fritzi, Christl, Renate Mildner, Dieter Böttger, Günter Wilding, die mir ihre wertvolle Zeit schenkten und mich auf ihre Erinnerungsreise in die Vergangenheit mitnahmen.

Danke an Birgit und Cathy, die das Manuskript gelesen, korrigiert und mir ihr wertvolles Feedback gegeben haben.

Danke, liebe Inge, für deine innige Freundschaft, die mein Leben bereichert!

Und ein letztes Dankeschön an alle, die Inges Geschichte lesen, über ihre Leistungen als Pionierin sprechen und ihre Geschichte in die Welt hinaustragen – die Geschichte einer starken, selbstbestimmten Frau.

NACHWORT

Im April 2022 jubelte die Presse anlässlich der 59. Biennale in Venedig, dass dieses Mal zu 80 Prozent Künstlerinnen eingeladen wurden, welche die Kunstpavillons gestalten und ihr Land vertreten durften. „Ist das gleichberechtigt?", fragte mich mein Mann. Es ist eine berechtigte und diskursfähige Frage – geht es uns Frauen denn nicht um Gleichstellung, Fairness und Gerechtigkeit, die in einer Aufteilung 50:50 resultiert? Ich bin der Meinung, dass sich Frauen diese verstärkte Aufmerksamkeit und Anerkennung verdient haben, dass sie genau dem erwähnten Zweck dient und Frauen endlich nach Tausenden Jahren männlicher Vorherrschaft, verbunden mit ökonomischen und sozialen Privilegien, gesehen werden müssen, in all ihren Stärken, Werten und all ihrer Größe. Und ja, manchmal braucht es genau diese Größe, das Überdimensionale, das Laute, um zu sehen, was davor klein gemacht wurde. Genau darum geht es mir, wenn ich die Geschichte von Inge erzähle und dabei nicht nur ihren Erfolg, sich als erste Fernsehregisseurin von Live-Shows in einer Männerdomäne durchgesetzt zu haben, in den Fokus rücke, sondern sie auch als *Frau* in ihren Facetten, in ihrer gesamten Persönlichkeit versuche zu begreifen und zu beschreiben: mit all ihrer Liebe, Leidenschaft, mit ihren Zweifeln, Enttäuschungen und Verletzungen.

Inge stammt aus einer Generation, in der laut Ingeborg Bachmann die Ehe eine unmögliche Institution für Frauen sei, die einer Arbeit nachgehen. Inges beruflicher Erfolg wird ihr hohe Opfer abringen. „Männer sehen nicht gern, wenn ihre Frauen mehr Aufmerksamkeit bekommen als sie selbst, wenn sie erfolgreicher und stärker werden", würde Inge mir immer wieder sagen.

Starke, selbstbestimmte Frauen vor allem in der politischen Öffentlichkeit, mit eigenem akademischem Bildungsweg und eigener Karriere, mit eigener Persönlichkeit und Identität, die bewusst neben Männern auftreten und sich nicht in die zweite Reihe abschieben lassen, wie Brigitte Macron oder Michelle Obama, bringen das System durcheinander. Trotzdem stellen sie die Familie und die Ziele ihrer Männer an erste Stelle und nehmen sich in ihrer Selbstverwirklichung zurück. Hat Inge recht, wenn sie sagt, Ehen zerbrechen, wenn Frauen zumindest genauso stark oder noch stärker werden als ihre Partner? André Heller sagte ihr: „Lerne selbst und alleine zu leben."

Ist es so, dass egoistisch-narzisstische Alpha-Männer keine starke Frau neben sich erdulden? Macron gilt als feministischer Mann, ohne dass er es in seinem politischen Programm und in seinem Wertekomplex wirklich ist, er wird nur durch Brigitte als solcher wahrgenommen. Und das gibt Stoff zum Nachdenken. Was bedeutet Feminismus in Zeiten wie diesen? Und warum ist der Begriff des Feminismus in Verruf geraten – bei Männern und Frauen gleichermaßen und, noch erschreckender, bei vielen Politikerinnen? Wie erreichen wir Gerechtigkeit, ohne dass die Geschlechter sich entfremden und in Konkurrenz treten und Machtkämpfe ausfechten?

Es braucht Diskurs, Reflexion, Bildung sowie Erziehung von Kindheit an, um tradierte Geschlechterungleichheiten aufzubrechen, und es braucht die Bereitschaft und leider, wie wir aus der Geschichte immer wieder gelernt haben, klare und exekutierte Regeln, die ein faires und gleichberechtigtes System auf allen Ebenen der Gesellschaft durchsetzen. Wir leben in Zeiten pluralistischer und genderfluider Lebensformen. Es ist nicht mehr schwarz, es ist nicht mehr weiß, es gibt dazwischen ganz viele Schattierungen. Die Unsicherheit ist groß, in Zeiten von Krieg, Klimakatastrophen, Energie- und Lebensmittelkrisen, Flüchtlingsströmen und MeToo-Debatten. Wie schnell wir doch wieder in alte Rollenmuster verfallen, besonders als die Pandemie

2020 uns in gleich mehrere Lockdowns schickte und die Frauen die systemrelevanten Aufgaben zu Hause schultern mussten. Das Akzeptieren dieser ungleichen Aufgabenverteilung katapultierte die Frauenbewegung um Jahrzehnte zurück.

Es braucht letztendlich mehr Anerkennung und Wertschätzung der Fähigkeiten und Qualitäten von Frauen, es braucht Zugeständnisse an ihre Bedürfnisse und Ziele, die sich oft von jenen der Männer unterscheiden. Es braucht Entscheidungsfreiheit und -möglichkeit, und zwar für beide Geschlechter – egal, ob und welcher Partner die Berufstätigkeit zum Wohle der Familie zurücksteckt. Genauso muss beides, Beruf und Familie, ohne finanzielle und karrieretechnische Nachteile vereinbar sein und es muss auch gesellschaftlich akzeptiert sein, wenn sich Frauen und Männer bewusst gegen Kinder entscheiden. Es braucht mehr Gemeinsames und Versöhnliches und es braucht Geschichten wie jene von Inge, die uns zum Nachdenken und Diskutieren anregen. In meiner Familie hat es das getan.

QUELLENVERZEICHNIS

[1] Bankhofer, Hademar: Rosenthal und Inge Das Erfolgspaar von „Dalli, Dalli", in: Wochenschau, 25.7.1982, S. 5.

[2] Redakteur/in unbekannt: Eine Frau regiert bei „Dalli-Dalli", in: Bunte, 1.10.1981, S. 147.

[3] Haller, Günther: Die Frauen der ersten Stunde, Ernährung, Wohnung, Kinder – Frauen hatten 1945 ein unvorstellbares Arbeitspensum, in: Die Presse Sonderedition 1945 Der Beginn, 2020, S. 32–42.

[4] Haller, Günther: Die Frauen der ersten Stunde, Ernährung, Wohnung, Kinder – Frauen hatten 1945 ein unvorstellbares Arbeitspensum, in: Die Presse Sonderedition 1945 Der Beginn, 2020, S. 32–42.

[6] Polte, Wolfgang: Hans Rosenthal hört nur auf ihr Kommando, in: Bella, April 1981, S. 35.

[7] Redakteur/in unbekannt: Hans Rosenthals Chefin aus Wien, in: Neue Kronen Zeitung, Fernsehen Heute, 21.5.1981.

[8] Miller Jenny: Diese Frau macht „Dalli-Dalli". Inge Letz (40) aus Wien zeigt auch Hans Rosenthal, wo's in seiner großen Show langgeht, in: Frau, 1981, S. 12.

[9] Krautzer, Hannes: Das Dreimäderlhaus, in: Bunte, März 1980, S.18–21.

[10] Haller, Günther: Die Frauen der ersten Stunde, Ernährung, Wohnung, Kinder – Frauen hatten 1945 ein unvorstellbares Arbeitspensum, in: Die Presse Sonderedition 1945 Der Beginn, 2020, S.32–42.

[11] hpgrumpe.de: TEE IN INDONESIEN: Geschichte und Entwicklung, online unter: *http://www.hpgrumpe.de/ reisebilder/sumatra/TEE%20IN%20INDONESIEN.htm*, zuletzt abgerufen am 6.5.2022.
Roberts Teehaus: Indonesische Teekultur, online unter: *https://www.roberts-teehaus.de/blog/indonesische-Teekultur*, zuletzt abgerufen am 9.5.2022.

[12] hpgrumpe.de: TEE IN INDONESIEN: Geschichte und Entwicklung, online unter: *http://www.hpgrumpe.de/reisebilder/sumatra/TEE%20IN%20 INDONESIEN.htm*, zuletzt abgerufen am 6.5.2022. siehe auch *http://www.tee-import.de/sonst/indonesien.htm#anker1*, zuletzt abgerufen am 9.5.2022.

[13] Marsden, William: The history of Sumatra, Cambridge University Press, 2012

[14] Wikipedia.com, 2022; Dehradun, online unter: *https://de.wikipedia.org/wiki/Dehradun*, zuletzt abgerufen am 6.5.2022.

[15] Wikipedia.com, 2022: Heinrich Harrer, online unter: *https://de.wikipedia.org/wiki/Heinrich_Harrer*, zuletzt abgerufen am 6.5.2022.
AustriaWiki, erstellt am 29.6.2019, Rolf_Magener, online unter: *https://austria-forum.org/af/AustriaWiki/Rolf_ Magener*, zuletzt abgerufen am 8.5.2022.

[16] Wikipedia.com, 2022: Japanische Invasion Sumatras, online unter: *https://de.wikipedia.org/wiki/Japanische_Invasion_Sumatras*, zuletzt abgerufen am 6.5.2022.

[17] Wikipedia.com, 2022: Internierungslager Dehradun, online unter: *https://de.wikipedia.org/wiki/Internierungslager_in_Indien*, zuletzt abgerufen am 6.5.2022.

[18] Wikipedia.com, 2022: Internierungslager Dehradun, online unter: *https://de.wikipedia.org/wiki/Internierungslager_in_Indien*, zuletzt abgerufen am 6.5.2022.

[19] Wikipedia.com, 2022: Internierungslager Dehradun, online unter: *https://de.wikipedia.org/wiki/Internierungslager_in_Indien*, zuletzt abgerufen am 6.5.2022.

[20] Redakteur/in unbekannt: Inge Letz, die „Dalli-Dalli" laufend an die Spitze bringt, in: Heim und Welt Nr. 20, 1981.

[21] Schäfer, Theo: Genug Frauen im ORF?, in: HÖRZU, 24.4.1981.

[22] Redakteur/in unbekannt: Ein neuer Star zog jetzt nach Klosterneuburg, in: Echo der Heimat, 37. Jahr, Nr. 112, 1981, S. 4.

[23] Polte, Wolfgang: Hans Rosenthal hört nur auf ihr Kommando, in: Bella, April 1981, S. 35.

[24] Redakteur/in unbekannt: Hans Rosenthals Chefin aus Wien, in: Neue Kronen Zeitung, Fernsehen Heute, 21.5.1981.

[25] Pistor, Gerhart: Frau im Regiesessel, in: Kurier Fernsehen, 23.8.1978.

[26] Panorama: ORF, 26.4.2020, 13:05 Uhr,

[27] Profil: Strafen statt helfen?, in: Profil 35/1987, Seite 45f.

[28] Schäfer, Theo: Genug Frauen im ORF?, in: Hörzu, 24.4.1986.

[29] Redakteur/in unbekannt: Eine Frau regiert bei „Dalli-Dalli", in: Bunte, 1.10.1981, S. 147.

[30] Grissemann, Stefan: Wir haben ein Recht auf die halbe Erde, in: Profil, 16.2.2020, S. 72.

[31] Polte, Wolfgang: Hans Rosenthal hört nur auf ihr Kommando, in: Bella, April 1981, S. 35.

[32] Seiler, Christian: André Heller. Feuerkopf Die Biografie (2. Auflage), C. Bertelsmann Verlag München, in der Verlagsgruppe Random House GmbH, 2012.

[33] Seiler, Christian: André Heller. Feuerkopf Die Biografie (2. Auflage), C. Bertelsmann Verlag München, in der Verlagsgruppe Random House GmbH, 2012.

[34] Glauchauf, Ingeborg: Ingeborg Bachmann und Max Frisch: Eine Liebe zwischen Intimität und Öffentlichkeit, Piper, 2015, S. 109.

HERZ FÜR AUTOREN A HEART FOR AUTHORS À L'ÉCOUTE DES AUTEURS MIA KAPΔIA ГIA ΣYΓΓ
ARTA FÖR FÖRFATTARE UN CORAZÓN POR LOS AUTORES YAZARLARIMIZA GÖNÜL VERELIM SZ
RE PER AUTORI ET HJERTE FOR FORFATTERE EEN HART VOOR SCHRIJVERS TEMOS OS AUTC
ZÖINKÉRT SERCE DLA AUTORÓW EIN HERZ FÜR AUTOREN A HEART FOR AUTHORS À L'ÉCOL
ÃO BCEЙ ДУШОЙ К ABTOPAM ETT HJÄRTA FÖR FÖRFATTARE Á LA ESCUCHA DE LOS AUTO
EUNG MIA KAPΔIA ГIA ΣYΓΓPAФEIΣ UN CUORE PER AUTORI ET HJERTE FOR FORFATTERE EEN
ARIMIZ ÖINKÉRT SERCE DLA AUTORÓW EIN HERZ FÜ
SCHR ÃO BCEЙ ДУШОЙ К ABTOPAM ETT HJÄRTA FÖ

Die Autorin

In Niederösterreich 1974 geboren, lebt Karin
Assadian mit ihrem Mann und ihren beiden Töchtern
seit 28 Jahren in einem multikulturellen Umfeld
in Wien. Nach ihrem Germanistik- und Anglistik-
Magisterstudium an der Universität Wien – die
Abschlussarbeit handelte von George Taboris Prosa –
verschlug es sie in die Medienbranche und immer
wieder ins Ausland, nach London, Los Angeles,
Chicago, San Francisco und Palo Alto. Zu einem
ihrer Spezialgebiete entwickelte sich die virtuelle
Kommunikation, auch ihr Doktorratsstudium an der
Publizistik handelte davon. Seit 2011 arbeitet Karin
Assadian als selbstständige Kommunikationsberaterin
und betreut mit ihrer Agentur com.media Kunden aus
verschiedenen Branchen. Ein Schwerpunkt ist dabei
die Gesundheitskommunikation. Schreiben ist ihr
tägliches Brot.

Der Verlag

Wer aufhört besser zu werden, hat aufgehört gut zu sein!

Basierend auf diesem Motto ist es dem novum Verlag ein Anliegen, neue Manuskripte aufzuspüren, zu veröffentlichen und deren Autoren langfristig zu fördern. Mittlerweile gilt der 1997 gegründete und mehrfach prämierte Verlag als Spezialist für Neuautoren in Deutschland, Österreich und der Schweiz.

Für jedes neue Manuskript wird innerhalb weniger Wochen eine kostenfreie, unverbindliche Lektorats-Prüfung erstellt.

Weitere Informationen zum Verlag und seinen Büchern finden Sie im Internet unter:

www.novumverlag.com